税务
三定律

邓新民　　著

湖南大学出版社·长沙

图书在版编目（CIP）数据

税务三定律/ 邓新民著. — 长沙：湖南大学出版社，2021.12

ISBN 978-7-5667-2336-9

Ⅰ.①税… Ⅱ.①邓… Ⅲ.①税收管理－基本知识－中国 Ⅳ.①F812.423

中国版本图书馆CIP数据核字（2021）第216398号

税务三定律
SHUIWU SAN DINGLÜ

著　　者：邓新民

责任编辑：陈建华

印　　装：长沙超峰印刷有限公司

开　　本：710 mm × 1000 mm　　1/16　　印　张：12　　字　数：121千字

版　　次：2021年12月第1版　　　　印　次：2021年12月第1次印刷

书　　号：ISBN 978-7-5667-2336-9

定　　价：60.00 元

出 版 人：李文邦

出版发行：湖南大学出版社

社　　址：湖南·长沙·岳麓山　　　　邮　编：410082

电　　话：0731-88821691（营销部）88822264（编辑部）88821006（出版部）

传　　真：0731-88822264（总编室）

网　　址：http://www.hnupress.com

序一

PREFACE

国 务 院 参 事　　刘 桓
中央财经大学教授

2002 年冬，我随一个政府考察团到各地考察学习，考察内容是当地税务部门为纳税人提供的纳税服务制度与具体举措。在一个服务大厅我们看到，有关纳税服务的宣传指南随处可见，其中有一些小册子专门向纳税人宣传如何节税，里面关于税法条例、实施政策、优惠条款及其应用场景等介绍得清清楚楚。更令我感到意外的是，在纳税服务大厅，当地税务局局长亲自向前来办理涉税事宜的纳税人讲解节税的方法和有关注意事项。这一情景给考察团留下深刻印象。在后面的交流座谈中，我们问起为何要向纳税人介绍节税方法，他们说："纳税人应当对自己的经营行为要付出多少税务成本享有充分的知情权和选择权。在遵从税法的前提下，纳税成本越低，对经济发展的促进作用就越大。"时隔近二十年，直到今天，当年的体验与感受仿佛就在眼前，依然鲜活而挥之不去。

1982年，我从中央财政金融学院（现为中央财经大学）毕业，留校从事财税教学与研究工作。其间，从大学本科、硕士到博士等不同学历层级的财税课程我讲授了很多轮。从法理上讲，政府税收行为涉及征纳双方的权益，政府征税的根本目的是更好地促进经济及社会健康发展。有一个比喻很贴切：纳税人是"根"，政府是"叶"，根深才能叶茂。但从税收学科建设的实际情况看，目前我国大多数财经院校的税收专业主干课程设置，基本上以税法、税收制度、税收征管、纳税检查、纳税评估、所得税会计差异调整等为主要内容，对政府税务部门的税收行为形成了比较全面的学科理论体系，进行了相对系统的科学研究。但对于如何维护纳税人一方利益的研究则相对较弱，与之相对应的课程也较少。这不能不说是一个缺憾。

200多年前，亚当·斯密在《国富论》中提出了著名的税收四原则，即公平、便利、周知、费用经济。其中提到的费用经济，指的是征税及纳税成本要低；周知，则是指纳税人对税法要有知情权，税务部门有义务告知纳税人不同的经营方式可能会产生不同的税收负担，且纳税人对经营方式有自主选择权。这是自近代以来各国税收制度赖以存在并不断完善的基本法则。

党的十八大以来，随着政府"放、管、服"改革的不断推进，我国企业面对的营商环境，尤其是企业的纳税环境有了较大改善。2021年秋，我参加了对部分省、市、自治区的考察和督察工作，发现企业纳税环境普遍发生了较大变化。随着服务意识的提高和互联网、大数据等现代科技手段在税务工作中的普及，税收管理部门在税法知识普及、税款缴纳便利、税收优惠政策使用等方面都优化了服务。但专门针对纳税人如何正确运用税收政策、合理合法地降低税收成本等方面的宣传普及却不多见。这是我们进一步优化企业纳税环境的工作中应充实的重要领域。

最近十几年来，我国一些研究财税问题的专家学者及税务领域的实践工作者，针对纳税人降低纳税成本的需求，在节税手段的运用、税务筹划整体方案的设计以及税收风险控制等方面，进行了较为系统的研究，形成了一批有一定影响的成果。其中，有的专门分析国家税收制度变化趋势对企业的宏观影响；有的专门研究税收优惠政策给不同行业、不同地区带来的发展机遇；还有的针对企业在经营中可能遇到的税收风险而提出整体解决方案。现在放在我案头的邓新民先生的新作《税务三定律》，是我最近看到的较有特色的有关税收规划的作品。

这部作品的主要特色在于：

第一，将税务成本、纳税人权利与税务风险控制这三个目标有机联系在一起，较为系统地揭示了三者之间内在的逻辑关系。客观上讲，纳税人的节税动机缘于成本节约的需要。纳税人的成本可分为内部成本和外部成本。内部成本如料、工、费等的消耗，通常是可控的。纳税成本是外部成本的重要组成部分，但税收是政府主导的行为，一般而言，这种外部成本的可控性不强，稍不慎重就会导致税务风险的发生，危及纳税人的利益。因此，既要降低经营成本、保障纳税人合法权益，又要避免税务风险的发生，这三项目标若要同时达到，其难度是相当高的。税务规划的最高境界，就是要破解这个"不可能三角"。邓新民先生的新作在这方面做了前瞻性探索。

第二，针对不断完善的税收制度和征管体制改革，较为系统地提示了纳税人将要面对的税务环境的变化趋势。这一变化主要体现在三个方面。其一，根据中国经济及社会发展新情况和国际税收变化趋势，揭示了这一变化对纳税人将产生的新的发展机遇和不同于以往的税务风险表现形式。其二，根据中国税收征管制度改革的进程，尤其是在2021年中共中央办公厅、国务院办公厅印发了《关于进一步深化税收征管改革的意见》之后，详细阐述了纳税人在依法依规享有权利的同时，将面临的更加科学严谨、严格有效的税收法律规范。其三，在互联网、大数据等现代通信科技手段广泛运用给纳税人带来便利的同时，也对纳税人的税法遵从度、自身信誉的维护等提出更高要求。

第三，评判一部对纳税人进行纳税指导的作品，其质量的高下、应用价值的大小，很大程度上取决于书中所举案例在业务层面的真实性、法律层面的合法性及财务层面的经济性。邓新民先生的这部《税务三定律》，以税法条文引出案例，又以案例说明解释税法条文，简单明了，说服力强，对纳税人在税收法规、税收制度、税收征管等方面的认知提高，有着很大的帮助。

期待邓新民先生根据日新月异的中国经济及社会发展变化和财税制度改革步伐，不断更新完善自己的论著，用更加科学的理念和更加鲜活的经验来充实税务规划理论和更加有实践价值的案例库，给广大纳税人以新的启迪。

2021 年 11 月于北京

序二

第十三届全国政协经济委员会委员
中国注册税务师协会副会长　　蓝逢辉

　　"税务似无定律，细品仔研与世间万物通有律"，邓新民老师结合四十年的实战工作经验，从税务机关和纳税人的角度，总结出具有指导意义的《税务三定律》。

　　俗话说，隔行如隔山，尤其是财税行业，让不少好学之人望而生畏。本书从税务工作的底层逻辑出发，总结内在规律，归纳为简明扼要的三个定律，化繁为简，化难为易。《税务三定律》算得上是"给喜爱财税的人士学习研究的专业书籍"。

　　本书深入浅出地为纳税人"种植"了可贵的税务风险思维、成本思维及理性维权思维，提纲挈领，真正做到了"授人以渔"。

　　"文章合为时而著，歌诗合为事而作"，本书涵盖了纳税人的整个纳税事项，给予纳税人专业性的指导，为纳税人如何解决涉税需求难点、痛点规划了明确的工作思路。文中金句频频，引人思考，比如"看不到风险是最大的风险""了解风险定律，建立风险意识，税务风险的防范工作才会顺理成章""有准备的沟通是解决税企争议最有效的方法"等。

本书将复杂的纳税事务梳理为仅几万字，经典实用，大象无形，值得纳税人、财税专业人士和税务工作者学以致用！

2021 年 12 月于北京

目 录

CONTENTS

税务第一定律
——风险定律

> 风险定律：
>
> 纳税人将永恒面对纳税风险，而看不到风险是最大的风险。

一 纳税风险

纳税风险，是指因纳税人的纳税行为不当而可能导致的未来经济利益的流失。

纳税风险具有一定的不确定性。这种不确定性包含两层含义。

第一层含义：纳税人的纳税行为或者纳税安排不合规甚至违法，只是由于管理方式、管理工具、管理人员责任心等原因，不确定问题何时爆发，从而使该风险处于不确定的状态。

第二层含义：由于税收政策具有时效性，原本合规的纳税行为也产生了不合规的可能性。

正是因为纳税风险不确定性的这两层含义，使得纳税人时刻面临，也将永恒面对纳税风险。

纳税风险主要表现为以下几个方面。

1　因少交税而带来的利益流失

纳税的风险首先表现为纳税人因为少交、不交、抗交或偷逃税款而被税务机关处罚带来的经济利益的流失。这些流失是指除补缴税款之外，还需要缴纳的滞纳金和罚款。这就是被大多数纳税人理解的纳税风险。

2　因多交税而带来的利益流失

纳税人多交税主要包括两个方面：

① 纳税人因经济行为安排不当，缴纳了本不应缴纳的税款。

② 纳税人因纳税行为不准确或不规范，而导致多缴税款或者多承担支出。

很少有纳税人意识到自己多缴了税，据统计，至少有 50% 的纳税人缴纳了一些本可以避免的税款，只是涉及的具体税种、金额不同而已。

3 因发票不合规带来的利益流失

税务机关是通过"以票管税"的原则来对企业进行管理的，所以发票的地位尤其重要。如果取得的发票不合规，就不能作为抵扣或者列支成本的依据，造成纳税人进项税额减少，应纳税额增加。如果虚开发票，或者是取得虚开发票、介绍虚开发票，都犯了虚开增值税专用发票罪，不仅仅经济利益受损，甚至还会受到法律的惩处。税务管理会逐步向"以数治税"分类精准监管转变，从而进一步夯实"以票管税"的基础。

4 因程序不合规带来的利益流失

税务机关对纳税人应缴税款的纳税期限、纳税地点、申报流程、资料准备都有相应的规定。如果纳税人违反了这些规定，也会承担相应的处罚。

二　纳税风险的影响因素

影响纳税风险的因素可以分为三大类：一是国家机器，二是社会环境，三是纳税人自身。

（一）国家机器

国家机器主要通过立法和执法来影响纳税人，进而影响纳税风险。

1　立法

立法对纳税人的影响主要体现在国家开征哪些税种，开征的税种有哪些具体的条文规定等方面。现行税种大多数是由国务院颁布的暂行条例规定的，所有税种都必须由全国人大常委会讨论通过，税法的法律层级有待提升。

税收规定由暂行条例上升至法律，必将带来征收内容、征收标准、征收范围、具体条款等税制要素的变化。待税法整体框架确定之后也不可避免地会出台各种政策来进行调整。这些调整将使纳税人面临着诸如对其经济行为究竟要缴纳哪些税种的不明确，以及不同情况下应该缴纳多少税款等不确定性。立法层面带来的不确定性，使纳税人面临第一层纳税风险——立法风险。

2　执法

执法对纳税风险的影响比较大，可以从以下五个方面来理解。

（1）管理思路的转变

现阶段，税务机关税收管理工作正紧锣密鼓地推进"放、管、服"改革。

"放"，是指在对纳税人的管理中把对税收政策的把握、纳税资料的准备都交由纳税人来把控。

以纳税人财产损失的确定为例。以前，纳税人申报财产损失，需要税务机关进行实地调查，撰写调查报告，确定纳税人的财产损失数量，并发出财产损失审批通知。待纳税人接到审批通知后，才能进行纳税申报，享受优惠。

后来税务机关只对申报材料的完整性、合理性进行审核，并不对其真实性进行确认，材料报送税务机关备案后就可以申报享受优惠政策。

"放、管、服"改革后，纳税人可以将自己的纳税损失直接在纳税申报表上填列并享受税收优惠政策，无需报送任何资料，只需将财产损失的相关证明材料整理完整，留档备查。

以前申报财产损失时，由于税务机关事先进行了实地调查并发出审批通知，故而在之后的稽查中税务机关一般不会再对损失作出审查。即使在稽查中发现有财产损失不准确甚至作假的行为，也会因为税务机关曾经做过审核、出具了相应的审批通知，而使责任由税务机关而非纳税人承担，因此纳税人不会直接面对此类风险。现在，税务机关减少了这些审批审查的程序，那么在以后的检查中一旦发现纳税人存在损失不准确或者作假的行为，所有责任就都由纳税人自己承担了。

从管理的程序上看，税务机关给了纳税人很宽松的环境。这虽然方便了纳税人及时完成纳税行为，但带来另一方面的结果就是，还责于纳税人。

"管"，是指由原来的人工管理升级为信息管理、大数据管理，由原来的事后管理变成现在的事前管理、事中管理。这极大地提高了管理的效率和准确性。

"服"，则是贴心服务纳税人。税务机关从各个方面来提升对纳税人的服务质量。所以我们现在能够非常清晰地感受到税务机关服务态度的转变和服务方式的优化。

（2）管理工具的变化

管理工具最大的变化就是实施金税三期工程。从 2016 年开始，金税工程第三期正式上线运营，取代了原来由各级税务机关自行开发的征收管理系统。金税三期作为一个覆盖国地税务机关税务管理的工具，包含了许多不同功能的系统，比如征收系统、评估系统、发票比对系统，当然也包括税务机关内部的工作管理系统。

金税三期还预留了各类信息平台的接口，可以和工商、公安、水电、社保等公共信息联网，使税务机关征管数据系统与外部数据系统对接，以帮助税务机关完成纳税人自行申报的数据与第三方数据的比对。

然后，系统会根据取得的各项数据"画"出纳税人经营状况的"画像"，做出诸如经营状况和申报状况是否匹配、是否异常等提示。

对纳税人而言，如果其用人信息和公安的户籍信息不匹配；如果纳税人的工资申报和缴纳的社保信息不匹配；如果纳税人的用水用电量和产出的产品数量不匹配……纳税人都会在征管数据系统中得到一个纳税状态异常的提示，那么税务机关就会要求其对所呈现出来的异常进行解释。若解释不能说服税务机关，税务机关就会将该纳税人作为税务稽查的案源之一。

在金税三期诸多的系统之中，对纳税人影响最大的有三个系统。

① 发票比对系统

发票比对系统会对纳税人取得的增值税发票和开出的增值税发票的各项信息进行比对。它的基础是功能强大的电子底账系统，所有开出的增值税发票都会进入这个电子底账系统，而电子底账系统会对纳税人开出或是取得的增值税发票的明细信息进行精准比对。

比如，你购进的货物是手机没有复印机，而你销售的却有复印机；你从上海一家公司购入货物，但是你的货运发票显示的是从北京起运……诸如此类的差别，经过电子底账比对后就会被判定为异常。

《关于增值税发票开具有关问题的公告》（国家税务总局 2017 年第 16 号）要求，所有的发票开具必须填列纳税人识别号或统一社会信用代码，所有发票都必须填列产品明细，产品种类较多无法在发票上完整填列的需有明细表附后。这一规定为收集准确完整的电子底账比对信息建立了最完整准确的基础。

案例 1-1

国家税务总局 ×× 市税务局第一稽查局接到金税三期系统发票比对异常：该市 C 贸易有限公司从本地陶瓷公司和贸易公司取得大量地砖、瓷砖、抛光砖的进项发票，而销售的开票货物只有钢板和冷板，存在进销品种不匹配的问题。于是对 C 贸易有限公司 2015 年 1 月 1 日至 2016 年 12 月 31 日期间的纳税情况进行了检查。稽查最终确认虚开 1 689 份增值税专用发票，金额共 1.67 亿元。

增值税发票的比对中，对货物品目的比对是发现购买发票、虚开发票最重要的方法。比对系统会轻松发现购买非本公司经营品目发票或开出非本公司经营品目发票。

大数据的比对分析，是发现虚开的重要方法。

案例 1-2

2016 年上半年，××市国税局在对某纺织公司进行涉税数据分析时发现，作为羊毛深加工企业，该企业竟然未抵扣过水电费。检查人员心里充满疑虑，随后，检查人员深入供电公司和供水公司，结果仍未查询到涉案企业缴纳电费和水费的信息。再通过数据分析，发现另有 5 户企业也存在较大的虚开发票疑点。××市国税局稽查局决定对这 6 户企业进行立案检查。

检查人员对 6 户企业突袭检查，查询这几家企业的生产设备型号、设计产能和耗能等信息，发现某纺织公司拥有 4 台生产设备，日产量 800 公斤，月产能 24 吨，而该企业 2015 年 5 月份销售地毯纱 100 吨，产能与销量差距较大。且该企业 5 月份电费支出 0 元，严重违背生产经营规律。

2016 年 7 月 20 日，××市国税局稽查局启动税警联络机制。××市公安局接到移交案件后，将该案件命名为"7·20"专案进行立案联合侦查。经查，这 6 家企业自 2014 年 11 月至 2016 年 6 月，共向广东、天津、江苏、河南、陕西、山东、宁夏等 7 个省区、直辖市的 26 家企业虚开增值税专用发票 1 778 份，金额 17 702.11 万元，税额 3 009.36 万元。

② 评估系统

评估系统主要根据纳税人报送给税务机关的申报表和会计报表的相关数据信息，对纳税人的纳税状态进行评估。

税务机关在评估系统中预设了很多评估指标。指标可以展示的内容分成两大类：基本指标和特殊指标。基本指标是指具有普适性的，也就是说所有的纳税人都可以适用的指标，比如增值税税负、所得税税负、应收账款变动率、发票使用变动率。而特殊指标，是指在一些特殊的行业，或者是特殊的状态下应用的指标，如商贸类纳税人的存货与销售收入的比重，又如生产类企业的单位产品用水量、用电量的变动率等。通过这些指标，税务机关可以给纳税人"画像"，分析出纳税人在行业和地区内纳税水平的高低，以及同行业同地区范围内各项经济指标对生产状况的影响，并据此作出纳税人生产状况是否异常的判断。

一般来说，税务机关会对纳税人的评估指标设定一定的区间。在此区间内，税务机关基本认为纳税人属于纳税经营的正常状态。但如果突破了这个区间，税务机关就有可能判定其为经营状况、纳税状况异常。

纳税评估系统有它内在的逻辑。假设一个企业或某一产品的用水量和用电量高于同行业标准，并且超出了相应的区间，那么系统有可能的判断是：

判断一：纳税人生产过程中用电的消耗量其实和同行业的标准相差不大，但是纳税人把其他主体或产品应承担的水电成本列入了本企业或者该产品成本，属于虚增成本。

判断二：纳税人呈现出较高标准的用电量，可能是因为纳税人生产了更多的产品，但没有进行相应的申报，存在少申报销售收入的问题。

系统会对纳税人的其他用料再做比较，然后再对其库存商品进行检查，以确定是否存在虚增成本或者少申报销售收入而产生偷税的嫌疑。

案例 1-3

货物进出的逻辑关系是纳税评估的重要指标之一。

　　2016 年 3 月—2017 年 1 月，炼油生产企业 B 公司为了避免缴纳成品油生产环节的消费税，提出给成品油经销企业 A 公司开具增值税专用发票时，把销售给 A 的成品油的汽油和柴油的品名写为无需缴纳消费税的芳烃，并给予每吨 102.9 元的优惠。A 公司同意后，从 B 公司购入汽油 2 100 吨和柴油 1 600 吨，开票内容均改为芳烃，并按实际货物品名开具增值税专用发票给下游用油企业。

　　B 公司购进和销售的同名货物间不符合"期初库存 + 当期购进 − 当期销售 = 期末库存"的逻辑关系，引起了税务机关的注意。后被责令补缴消费税 668.84 万元，并移交公安机关查处。

案例 1-4

2016 年 9 月底，××市税务局检查人员筛选分析营改增高风险企业数据时，发现 G 公司 2015 年度企业所得税税负率为 0.9%，与行业税负指标相比明显偏低。在核查 G 公司工程业务合同资料时，检查人员发现，2016 年建筑行业营改增前，G 公司取得营业收入的工程项目所在地分别为武汉、广州和惠州 3 个城市，但部分工程施工材料及人工费支出发票却由湖南和云南的 13 家企业开具。

专案组人员按照业务规程，迅速办理了委托协查手续，对 13 家开票企业的经营状况、涉案发票相关业务情况实施协查。最终发现 G 公司通过非法渠道购买 41 份假建安发票，虚增工程施工成本 863 万元，构成偷逃税款的违法事实。

税负指标是纳税评估最基本的指标，也是最重要的指标。

委托协查是查办税收违法案件的税务局稽查局将需异地调查取证的发票委托有管辖权的税务局稽查局开展调查取证的相关活动。

委托协查，无处不达。有纳税人以为从四面八方取得票据，税务机关稽查取证的难度会很大，殊不知异地发票审核对于税务局来说只需发封函件就可以查核得明明白白。

③ 信用等级评定系统

2003 年国家开始对纳税人的纳税信用等级进行评定。在纳税信用等级评定刚开始的时候，税务机关成立了纳税信用等级评估领导小组，根据纳税人纳税额、遵从度等方面因素对纳税人的纳税信用等级进行评定。

金税三期上线以后，纳税信用等级的评定由系统进行，对纳税信用等级的计分有明确的标准，从而排除了人为因素的影响，任何人无权对纳税信用等级评定系统里的积分进行修改，纳税人的信用等级完全是由纳税人的积分决定的。也就是说，决定纳税信用等级积分的是纳税人的纳税事项处理是否符合税收相关法律法规，是否严格遵守并执行税务机关的规定。纳税信用等级决定了纳税人办理税务事项的便利程度，以及享受税收优惠政策的广泛程度，等等。

案例 1-5

河北某医药有限公司接受湖北某医药公司虚假开具的 72 份增值税专用发票，在账簿上多列支出，造成少缴增值税 100 万元，少缴企业所得税 39 万元。石家庄市国税局查实后对该公司作出补缴税款共计 139 万元，并处以罚款 69.7 万元的处罚决定。

虽然该公司按时补缴了税款、滞纳金和罚款，但由于该案符合《重大税收违法案件信息公布办法（试行）》的标准，石家庄市国税局将该公司录入重大税收违法案件信息系统，并在门户网站上公布。此外，河北省国税局联合多个单位对其实施了联合惩戒。国药控股分销中心等数十家与该公司合作多年的公司，在得知该公司纳入黑名单之后停止了与其合作。有些新发展业务的公司通过查询后，也拒绝与其合作。该公司在交通银行的贷款1 000万元，已经贷了2年，第三年放款前，银行特地打电话给该公司问询了税收黑名单的事情，该公司也作了相应说明，但银行最终还是没有放款。

纳税信用不仅影响纳税事项，还会对企业经营产生影响。

纳税信用等级对纳税人的影响不仅仅限于税务的处罚。

国家发展和改革委员会、国家税务总局等34个部门联合签署《关于对重大税收违法案件当事人实施联合惩戒措施的合作备忘录（2016版）》（发改财金〔2016〕2798号）还规定了阻止出境、限制担任相关职务、禁止部分高消费行为、禁止参加政府采购活动、限制政府性资金支持等内容，这都会对企业的发展产生巨大的影响。

上述三个系统是税务机关对纳税人进行管理的最核心最有效的工具。这三个系统使纳税人在税务机关面前变得更加透明，纳税人几乎所有的经营行为都会被纳入税务机关的监控范围。

（3）配套政策的变化

中央深改小组的相关会议明确，我国要深入持久地建立个人信用体系和企业信用体系，构建国家大数据平台。在这个原则的指引下，国家税务总局及相关部门陆续出台了与之配套的相关政策。除了前面提到的《关于对重大税收违法案件当事人实施联合惩戒措施的合作备忘录》，以下几个政策也值得高度关注。

《国家税务总局关于增值税发票开具有关问题的公告》（国家税务总局2017年第16号公告）。其主要内容是：购买方索取增值税发票时，应向销售方提供纳税人识别号或统一社会信用代码，且开票数据内容应与实际交易相符；不符合规定的发票，不得作为税收凭证。

《非居民金融账户涉税信息尽职调查管理办法》。该办法是为了配合《多边税收征管互助公约》和《金融账户涉税信息自动交换多边主管当局间协议》的签订而制定的，带来的主要变化是个人账户的大额交易及流水异常将同时受到银行和税务局的监管，境外财产信息透明化。这意味着"公转私"、资产转移到境外将会有更大难度，同时伴随着更高的风险。

这些公告及管理办法的出台，都表明我国税收管理政策及其相关配套政策正在不断完善中，税务机关对于交易信息、个人财产信息等方面的管理、收集能力将会不断提升。以往纳税人选择的纳税安排方式将有被重新追查，甚至被重新定义为违法的风险。

（4）执法机构的变化

税务执法机构设置的变化和机构职能的调整，对纳税人的影响也很大。国地税合并前，在税务稽查的过程中，曾经出现过因为国税稽查处理一些涉及地税发票而败诉的案例。国地税合并后，打破了

类型	机构横向设置	机构纵向设置
合并前	国地税同时存在，各司其职	市税务局、区县级税务局设置稽查局
合并后	国地税合并，打破了原来国税只能查国税，地税只能查地税的界限	市税务局设稽查局，区县级税务局不设立稽查局

原来国税只能查国税，地税只能查地税的界限，所有涉税信息一体化，处理相关的事情不再会有权限范围的差别。

稽查机构的设置和原来相比也有了很大的变化。区县一级及以下不再设有稽查局，稽查部门最低一级的设置机构是市级税务机关，这也就意味着稽查权限的上收。权限上收以后，区县税务机关变成纯粹的征收部门，只负责征收管理。稽查部门脱离了稽查范围的束缚，不再对区县征收部门的税务机关负责，而是对市级税务机关负责。原来的区县税务机关征管稽查一把抓，既是税收政策执行的"运动员"又是税收政策是否准确的"裁判员"的局面得到改变。

（5）稽查方式的变化

以往的稽查，税务机关确定稽查对象以后，会直接前往企业对相关账簿凭证以及证明资料进行审核。现在的稽查，首先在稽查局内部做案头分析，对企业申报的相关财务报表和申报资料进行评估，找出企业在各项评估指标中存在的异常状态，再根据异常指标重点核对可能存在的问题。同时，由于稽查对象的确定更多是基于金税三期对纳税人评估后发现的异常状态，因此更具有针对性。

在稽查过程中，借助大数据对企业生产经营过程中的用水用电用工等相关的数据进行比对，就能很快确定纳税人是否存在税务问题。稽查方式的改变，极大地提高了税务稽查的工作效率。

稽查方式的变化	变化前	变化后
特点	需要通过下户翻看凭证和账簿的方式排查涉税事项	金税三期系统实时监控并对预警企业推送相关信息
结果	效率低，工作量大，取证困难等	针对性强，稽查重点突出，工作量较以往大幅降低

案例 1-6

2019 年 3 月，国家税务总局 ×× 市税务局依托金税三期系统和大数据分析平台，对房地产开发企业开展风险扫描分析，发现某公司的其他应付款 3 175.71 万元明显高于预警值。

税务人员将该公司 2018 年的财务会计报表、企业所得税年度汇算清缴表的各项指标与其历年指标做对比分析后，发现该公司其他应付款、预收账款和营业收入的变动存在一定的比例关系。

税务人员向该公司发出《纳税评估询问通知书》，要求该公司对其"其他应付款"等财务指标异常说明原因，并提供证明材料。

税务稽查九大案源之一——风险推送。

最终，该公司因无法举证说明其他应付款虚高的理由，承认其存在隐瞒收入、虚列往来账的问题，并且少申报缴纳企业所得税、增值税、城建税、教育费附加、地方教育附加、印花税等税费。该公司按照规定补缴税款、滞纳金合计271.54万元。

案例 1－7

　　S 塑料制品厂成立于 2002 年 12 月，为增值税一般纳税人，主要从事塑料制品制造销售业务。

　　××市国税局检查人员经过案头分析后发现，该企业 2014 年 1 月—2016 年 7 月间年销售收入保持在 1 800 万元左右，销售收入稳定，且 3 年税负和行业平均值持平。企业的主要产品为塑料水桶、脸盆、垃圾桶等。此类企业由于其产品是日常生活用品，有不少客户是不需要开票的个体经营户、小商贩。因此企业纳税信息中，应有大量的不开票销售收入和开具普通发票销售收入。但该企业纳税申报表附表中，"未开具发票"对应的收入一栏数据为"0"，"开具其他发票"一栏中对应收入也寥寥无几。此外，该企业年平均产值用电能耗为 9.8 元 / 千瓦时，高于行业平均水平 25 个百分点。检查人员认为，在第三方用电数据无误的情况下，单位产值能耗畸高，该企业存在少确认收入的嫌疑。

检查发现该公司在 2014 年 1 月—2016 年 7 月间，采取销售产品不开发票不入账和销货款项汇入个人账户等手段，隐匿销售收入 1 353.7 万多元的违法事实。

针对企业的违法行为，××市国税局依法对其作出补缴增值税 230.14 万元，加收滞纳金 87.96 万元，并处罚款 24.19 万元的决定；××市地税局依法作出补缴个人所得税 104.64 万元，加收滞纳金 69.7 万元的处理决定。

此外，税务机关执法是否规范，政策执行是否到位等，都会不同程度地影响纳税风险。

执法不规范是指税务机关在执行税收政策的过程中，对纳税人适用政策的处理不符合政策规范，或未考虑到实际情况与适用政策不匹配而对纳税人权益造成侵害。

案例 1-8

　　××市 W 包装印刷物资有限公司于 2004 年 3 月 30 日与该市国土资源局签订了《国有土地使用权出让合同》，合同约定出让土地面积为 33 549.00 平方米（50.32 亩），由于签订《国有土地使用权出让合同》时并未拆迁净地，尚有 38.32 亩土地未交付给 W 公司，即 W 公司实际占用的土地面积仅为 12 亩。××市第一稽查局接到举报后于 2015 年 3 月 4 日对 W 包装印刷物资有限公司以涉嫌税收违法进行立案稽查，认定纳税人的计税依据为 50.32 亩，W 公司存在少缴城镇土地使用税的情况，决定对其处以不缴或者少缴税款 50% 的罚款。

　　W 公司不服××市第一稽查局的税

务行政处罚决定，通过两轮审理，二审法院认为国家税务总局××市税务局第一稽查局未能充分考虑实际情况，如被上诉人的涉案土地使用纠纷频发，大部分土地不能正常使用，不能整体开发，使用权属纠纷至今未能解决，特别是在国土资源部门经测定证明，政府出让给被上诉人的土地之证载面积与实际占用使用土地面积相差巨大等情况，仍按证载面积核算税款，有失公平公正，不利于统筹兼顾保障国家税收和保护纳税人的合法权益，促进经济社会发展。

此案例中，虽然纳税人通过法律维权最终保护了自己的权益，但可以看出税务机关对政策的不同理解也对纳税风险造成了一定的影响。

（二）社会环境

社会环境主要指上下游企业的经营情况给企业带来纳税风险，表现在：

（1）上下游企业的经济行为是否合规，比如能否取得合规的发票，或能否取得"三流一致"的发票。

（2）是否会因为上下游企业的不合规操作而被税务机关延伸稽查。

案例 1-9

××市国税局稽查局三名稽查员到该市F风电公司开展专项检查时发现，该公司银行存款和应付账款较上年均大幅增加。这意味着该公司资金状况良好，却不及时支付货款。带着疑问，稽查人员以调查核实其资金往来情况为突破口，展开了对该公司的深入检查。

　　稽查人员获取了该公司购进货物取得相关增值税专用发票的信息，发现该公司存在取得收款方与开票方不一致的进项增值税专用发票的问题。通过比对，他们发现该公司 2012 年从 A 风电设备有限公司购进风电叶片后，将货款的一小部分直接支付给开票方 A 风电设备有限公司，未支付的其余款项却以应付账款的方式挂在天津某风电叶片工程有限公司（非开票单位）账上。

　　稽查人员约谈了该公司相关业务的经办人员。经过耐心的税法宣传教育，相关人员交代了这些增值税专用发票的来龙去脉。原来，2012 年 2 月 27 日，F 风电公司、

国税发〔1995〕192 号文件已经被废止，在后续的税务实践中第三方代付资金，只要往来清晰，可以不认定为虚开，但合规仍然是纳税人最重要、最基本的需求。

A风电设备有限公司和天津某风电叶片工程有限公司三家企业签订了协议。根据协议内容，F风电公司向天津某风电叶片工程有限公司支付风电叶片货款2 376.03万元，其余款项450.75万元直接支付给A风电设备有限公司。财务人员解释，由于平时对税收政策学习不够，对政策理解出现了偏差，以为既然签订了协议，支付货款的单位与开具增值税专用发票的销货单位不一致也符合税务的规定。而《国家税务总局关于加强增值税征收管理若干问题的通知》规定，纳税人购进货物或应税劳务，支付运输费用，所支付款项的单位必须与开具抵扣凭证的销货单位、提供劳务的单位一致，才能够申报抵扣进项税额，否则不予抵扣。

案例 1-10

税务检查组对辖区内某主要经营铝材、密度板等建材加工和销售的企业进行日常检查。检查人员在对该企业主营业务账簿进行检查时没有发现涉税疑点，但在审核往来账时发现该企业设有下属后勤部门，该部门属于非独立核算单位，单独设有账簿。既然有关联账簿，检查组决定开展延伸稽查。

检查关联账簿是稽查的第一步。检查组实地检查了该企业后勤部门的账簿、凭证资料，发现在"其他应收款"科目中，有一笔数额较大的往来账款。这笔款项是该企业与下属后勤部门发生的交易事项，但账簿中所载事项与其他月份记载的往来

税务稽查九大案源之一：延伸稽查。

事项交易特点明显不符。

随后,检查组进行了第二步深度稽查。经询问企业财务人员得知,该款项是交换土地产生的往来债务。该企业用一处旧土地与镇政府换取了一处新土地,相关费用暂由其下属后勤部门垫支,该后勤部门将此笔费用记在了往来账上。经检查人员核实,该企业提供的土地使用证没有标明土地面积。该企业有故意将交换土地的相关费用让其下属部门记账,避开检查人员的视线,以达到少缴税款之目的的嫌疑。

检查人员收集了该企业与镇政府签订的换地协议。通过分析、比较和进一步询问,得知该块土地使用证已经办理,但因欠交土地费用而被镇土地管理所扣押。

　　检查组立即办理了相关协查手续。在镇土地管理所的配合下，检查人员审核了该企业被扣的土地使用证原件，并取得了土地管理所签章证明的相关复印件等第一手资料。

　　检查组最终查实，该企业隐瞒应税土地面积 13 072.16 平方米，少缴土地使用税 78 432.96 元。该企业对违法事实供认不讳，并按规定补缴税款及滞纳金罚款。

（三）纳税人自身

从众多案例来看，纳税人自身因素，如财务人员办理涉税事项的能力和对税收政策的理解，企业负责人对待税务风险的态度等，对税务风险的影响最大。企业负责人如果对纳税风险重视，就会对办税人员提出控制风险的要求，制定各种降低风险的措施。如果企业负责人看不清纳税风险，则无论是真的不知道究竟这样做有没有风险，还是明知风险而无视风险，都会给企业带来巨大的税务风险隐患。可以说，企业负责人对风险的态度决定了纳税风险的上限和下限，是企业税务风险的决定因素。

企业负责人尤其是财务负责人对税务风险的态度常见的有以下几种类型。

1 不知所以

案例 1 - 11

　　某餐饮企业老板经营一家火锅店，店铺开在闹市区，生意还算红火，公司账上有些现金，于是老板从公司"借"走 350 万元购买房产。这笔借款一借多年未还，会计人员在账务处理时将老板的借款一直放在"其他应收款"。税务局在对该家餐饮企业进行税务稽查时发现老板的这笔借款多年没有归还，于是对老板这笔 350 万的借款按照"利息、股息、红利所得"计征个人所得税 70 万元。

　　这种典型的"公司是我的，所以我＝公司，公司的钱＝我的钱"的思维模式，是典型的"老板不知，所以补税"类型。

2 习以为常

案例 1 - 12

纳税风险的其中一种，是缴了本可以不缴的税款。

　　有一家电器销售公司将一楼房屋出租，年租金 480 万元，近期该公司新任财务人员发现公司一直在按照含税价缴纳房产税，而根据规定，房产税的计税依据为不含税收入，含税价格与不含税价格的差别，使得该企业一年多缴纳 2.7 万元房产税。

案例 1 - 13

　　某企业财务总监邀请税务师对公司税务情况进行一次排查。排查中税务师发现，该公司土地所在地并非城市、县城、建制镇、工矿区范围内，不属于土地使用税的纳税范围，而该公司十多年来却陆续缴纳土地使用税和房产税600余万元。虽然经过与税务局沟通后，税务局确认以后可以不再缴纳土地使用税和房产税，但已缴纳的税款已经无法退回。

　　该企业第一任财务总监在申报缴纳房产税和土地使用税时，没有对适用政策进行分析，就申报缴纳了这两个税种，后来几任财务总监也都没有对应交的税种进行认真思考，简单延续前任财务总监的做法，导致该企业多缴纳税款。

　　这种"原来怎么干，现在照着干没问题"的工作思路，常常会给企业带来严重的财务风险。

定期对纳税事宜进行梳理很有必要。

人为调节当月收入改变纳税义务发生时间，是一些自以为"纳税筹划"水平较高的财务人员经常使用的"节税"方法。

3 明知故犯

案例 1 - 14

　　某县国税局纳税评估工作人员在对某企业纳税评估时发现，该企业 2016 年 1—7 月的增值税纳税申报存在明显的税负偏低现象。经过纳税人对增值税税负偏低的现象进行举证及国税局对相关财务人员和企业负责人进行约谈后发现，该企业存有如下税收违法行为：该企业 1—6 月每月进项税额与销项税额相差不大，是该企业的财务经理"筹划"的结果。财务经理将本应在当月做收入的收入采取滞后入账的方式计入下月，对于当月来说属于明显的不计、少计收入及隐匿收入的行为，并且每个月都有少缴税款行为。最终税务机关认定该行为符合税收征管法第六十三条中偷税定义的"偷税主体""偷税手段""不缴少缴税款"三个要件。故该财务人员的"税收筹划"实质就是偷税。

2013 年至 2014 年期间，黄某担任的某汽车服务有限公司法定代表人，其指使该公司财务人员通过个人账户收取营业款项，再以其他凭证代替发票使用的方式逃避缴纳税款共计人民币 188.3 万元，占该公司同期应缴纳税额的 97.17%，且该公司在税务机关依法下达追缴税款通知后仍未按时补缴税款。2017 年 11 月 6 日，黄某被抓获。2018 年 4 月 9 日，该汽车服务有限公司补缴税款人民币 182.56 万元。被告人黄某犯逃税罪，被判处有期徒刑三年，缓刑五年，并处罚金人民币 20 万元，补缴税款人民币 5.74 万元。

取得收入时不入公账，用非真实支出的其他发票冲抵费用，这是一些纳税人经常使用的"节税"方法。

这两个案例中的企业负责人及其财务人员，也很清楚自己采用的这些所谓的节税方法是不合规合法的，但他们又觉得这些方法很巧妙，抱着侥幸的心理妄图逃避纳税义务，最终都被税务机关查处，甚至要面临法律的惩罚。

反思

案例 1 - 16

税务机关对某建材技术公司检查后发现该公司逃避缴纳税款具体事实如下：

1. 被告单位在生产过程中发生的部分原材料的损耗可以在企业所得税税前扣除，公司会计被告人张某未按实际发生的损耗申报，多报损耗。

2. 被告单位赞助市消防大队"八一慰问金"2万元，公司会计被告人张某向被告人陈某请示后，以陈某签字的白条入账，作为公司支出在企业所得税税前申报扣除。

3. 被告单位银行承兑汇票贴现支付陈某、吴某利息，此三笔利息未取得合法有效凭证作为公司支出。

4. 被告单位支付给某研究院技术转让费 8 万元。被告人陈某要求被告人张某把这 8 万元在财务上一次性列入"管理费用——办公费"并申报扣除。

5. 2013 年，市税务局要求被告单位将该公司剩余的政府土地出让金 440 万一次性计为收入纳税申报。被告人张某向被告人陈某汇报后，二人商议决定将土地摊销年限变更为 13 年，并按照 13 年摊销缴

读者可对照自身的经营情况，看看本案中查处的 5 个问题在您的企业中是否也存在。

纳企业所得税。

　　此案最后被移送法院。

　　法院对此案进行了审理，判决如下：

　　1. 被告单位犯逃税罪，判处罚金 39 万元。

　　2. 被告人陈某犯逃税罪，判处有期徒刑三年，缓刑四年，并处罚金 5 万元。被告人张某犯逃税罪，判处有期徒刑一年，缓刑一年六个月，并处罚金 2 万元。

　　我们分析了以上诸多的影响纳税人风险的因素，但综合看来，对纳税人风险影响最大的还是纳税人自身对待纳税风险的态度。

深圳市 × × 园林绿化工程有限公司取得 6 份增值税专用发票，并分别于 2014 年 12 月、2015 年 1 月、2015 年 6 月、2015 年 9 月在所属期认证抵扣税款，价税合计 392 503.8 元。深圳市税务局稽查局认定这 6 张增值税专用发票为该公司虚构交易事项让别人为自己虚开的发票，且该公司在稽查过程中不配合稽查人员提供账册凭证等资料。对此，深圳市税务局稽查局做出决定：

1. 该公司取得虚开发票抵扣税款的行为，违反了《中华人民共和国增值税暂行条例》第九条的规定，相应的进项税额不

涉案企业取得 6 份进项发票被定性为虚开发票，价税合计 39 万余元，涉及进项税额仅 5.7 万余元，并不是特别严重的案件。但因涉案企业应对失策，致使风险等级由低变高，造成巨大损失。

得从销项税额中抵扣。

2. 由于该公司未在规定期限内接受调查并提供账册凭证等资料，无法准确核算其应纳税所得额。根据《中华人民共和国企业所得税法》第四十四条、《中华人民共和国税收征收管理法》第三十五条和《企业所得税核定征收办法（试行）》（国税发〔2008〕30号）第三条规定，核定征收该公司企业所得税。因此，该公司应补缴2014年企业所得税1 485 052.48元，2015年企业所得税11 899 936.27元。

企业负责人如果重视纳税风险的防范，那么出现纳税风险问题的概率就会很小。反之，如果企业纳税人觉得纳税风险的防范可有可无，或者是心存侥幸，觉得不会被检查出来，即使检查出来也可以用其他方式化解。这样的思维方式，必定会置企业于重大的税务风险之中。

那么如何有效防范税务风险呢？理论上来讲，这需要有一系列的措施（建立制度，运用方法），是一个系统工程。当然我们不是说每个纳税人都需要马上建立一个系统，因为纳税人在不同时期会有不同风险，而这需要有不同的解决方法。在企业初创时期，选择的方法只要简单明了就可以了，随着企业越做越大，防范方法要越来越明细，并形成体系。

本书要提醒大家，无论什么原因，如果我们看不到税务风险，不清楚税务风险产生的原因，没有建立起应有的纳税风险意识，就不可能会有正确的解决之道。

因此，防范纳税风险最主要最核心的工作就是纳税人要充分理解风险定律，建立起风险意识。只有这样，税务风险的防范工作才会顺理成章，水到渠成。若纳税人没有基本的税务风险意识，不了解风险形成的根源去谈风险防范，则一定是空谈。所以说，纳税人将永恒面对纳税风险，看不到风险就是最大的风险。

税务第二定律
——成本定律

成本定律：

税务需要安排。投资方式和经营模式决定纳税义务。基于税务考虑的事前安排有利于降低纳税成本。

一 纳税成本

纳税人在持有资产、生产经营和获得收益时都需要履行纳税义务，纳税人在履行纳税义务时承担的税收负担即为税负。狭义的税负是指纳税人缴纳税款形成的税收负担；广义的税负是指因为完成纳税义务而产生的所有的成本，主要包括：缴纳的税金、办税费用、因为违反相关税收管理的规定被税务机关征收的滞纳金和罚款等。

除此之外，还有一些隐性负担或者叫隐性成本，比如因为纳税信用等级降低无法享受税收优惠，银行贷款失败，无法参与招投标等经济损失；又如法人无法乘坐高铁、飞机，不能担任政协委员、人大代表等而带来的非经济损失。

因为完成纳税义务而产生的所有成本，都属于纳税成本。

二　纳税成本的决定因素

纳税成本取决于纳税人的投资方式、经营模式等方面的选择与安排。

（一）投资方式的选择

投资方式的不同，或者说投资身份的不同会决定投资收益纳税成本的差异。

假定某人投资一个项目，如果成立的是有限公司，那么应该在有限公司实现经营利润后先缴纳企业所得税，然后在有限公司进行税后利润分配时缴纳个人所得税；如果成立的是一个合伙制企业，合伙制企业实现的经营利润不需要缴纳企业所得税，而是按合伙人分配的经营利润直接缴纳个人所得税。

一个企业税负的高低一部分原因在于国家对其所属产业的政策是扶持还是抑制。如果已经选择了某个行业，那么真正决定企业在经营过程中税负高低的是纳税人的税务安排。纳税人的事前安排会影响经营模式，而经营模式决定了你应该交什么税，交多少，怎么交。

（二）经营模式的选择

经营模式主要是指企业的业务流程和交易模式。

比如，有一家软件服务公司组建了自己的开发团队开发软件以提高自己的工作效率，在软件开发完成后有两种方式完成交付：一种是保持原有经营模式，为客户提供服务，对提供的服务进行收费，而软件作为辅助工具不收费；另一种是改变经营模式，将自身作为一个软件开发企业，将软件销售给客户，收取销售软件的收入，并免费对软件的管理升级、使用进行辅导服务。那么第一种业务模式属于提供服务，只需缴纳 6% 的增值税，而第二种业务模式则是销售软件，需缴纳 11% 的增值税。

又比如，一家公司名下有且仅有一块土地，现准备将其转让。有两种交易模式可以达到这一目的，或直接转让土地，或转让公司股权。前一种交易模式需要缴纳增值税、土地增值税、所得税、契税、印花税、城建税等；后一种交易模式只需要缴纳股权转让的所得税。

由此可见，同一业务，因为采用不同的业务模式和交易模式而适用不同的政策，缴纳的税种、税款都会有差别，纳税人会因此承担不同的税收成本。

基于税务考虑的事前安排就是我们常说的纳税筹划。通过改变纳税人的投资方式和经营模式，就能达到充分利用政策、降低纳税成本的效果。投资方式和经营模式的选择，是纳税筹划的一个重要内容。

三 纳税成本的组成

纳税人因为履行纳税义务而产生的负担就是税负，也是纳税人的纳税成本。要想降低纳税成本，就需要对纳税人正在承担哪些纳税成本有一个清楚的认识。

纳税人都希望降低税负，但他们一般都没有把它作为成本去考虑。企业经营者在控制经营成本方面都会有各自的绝招和办法，会利用各种工具，建立一系列制度，来对成本进行考核分析，找出降低成本的方法，但很少有人对纳税成本进行分析考核，很少有人知道自己的纳税成本的组成和各项成本的负担率。

从某种意义上来说，税负这个名词误导了纳税人。我们建议把税收负担这个词改为纳税成本，这样可以有助于唤醒纳税人的成本控制意识。

纳税人的纳税成本除了缴纳的税金、纳税人的日常办税费用，还会有因为各种原因需要承担的滞纳金和罚款，以及很多人都没有把它作为纳税成本的一些非直接经济损失。以下逐一分析。

1 缴纳的税金

如果要把纳税人缴纳的税金进行分类，可以有很多不同的方法。比如按税种分，有缴纳的增值税、所得税等；按照缴纳状态来分，有未缴纳的税金、已缴纳的税金、欠缴的税金、逾期缴纳的税金等。其实还有一种少有人关注和了解的分类方法，那就是把它分成"不可避免的税金"和"可规避的税金"。

"不可避免的税金"是指，无论通过何种前期的税务安排都必须缴纳无法规避的税金；而"可规避的税金"是指通过前期的税务安排，最终能够不用缴纳的税金。

笔者在服务纳税人的过程中发现，纳税人缴纳的税金中，有一部分是通过事前安排后可以不用缴纳的税金，也就是本书所说的可规避的税金。也有人把它称为"多缴的税金"，具体包括：

（1）原本可以不交但是因为税务安排不合理或者税务处理不合规而需要缴纳的税款。这里面包括：

与企业架构相关的，比如母子公司和总分公司不同的税务负担；

与税务申报相关的，比如是否正确地申请和放弃税收优惠；

与经营行为相关的，比如本书前面说的是销售产品还是销售服务；

与会计处理相关的，比如是否对适用不同税率的收入进行分开核算；

与税务处理的合规性相关的，比如接受走逃发票带来的进项转出等。

（2）应当享受却没有享受到的优惠政策以及应当享受退税而没有进行退税，所带来的多缴纳的税款。

笔者在和纳税人的沟通中发现，不少纳税人对此十分茫然，处于完全不知晓的状态。甚至存在部分纳税人从未听说可以或需要通过前期的税务安排来合理降低纳税成本，从而节约涉税支出。有些纳税人为了降低纳税成本，简单粗暴地不做收入、不走公账、购买虚假发票等。

还有一些纳税人虽然听说过纳税筹划、节税、避税，但他们没有把前期的税务安排和这些词语关联起来，他们绝大部分都是在所有的纳税义务形成以后，才想到要怎么样少交税款。在他们的理解中，纳税筹划、节税、避税，都是纳税义务发生后用来解决问题的办法，而不是在纳税义务发生前进行的税务安排。

2 日常办税费用

日常办税费用包括：①所有财务人员、办税人员的工资薪酬福利奖金。②纳税人完善涉税管理办法制度的成本支出，包括和相关部门尤其是税务部门沟通交流的费用。③一些专业服务机构的服务费用。这一部分费用的高低会直接决定一个纳税人的办税能力、专业水准，以及风险控制的程度。

3　税收滞纳金

税收滞纳金是指纳税人在不按期限履行缴纳税款义务后，被税务机关课以的独立于税金之外的，具有资金的时间价值内涵的资金给付。滞纳金的征收标准是按日加收 0.5%。这个标准高于银行贷款利息，目的是促使其尽快履行纳税义务。加收滞纳金属于行政强制执行惩罚的一种具体形式。

对于滞纳金，纳税人应该关注的是起始日期和截止日期。因为滞纳金是固定比例按日加收，所以起始日期和截止日期的确定直接影响滞纳金加收的额度。

一般来讲，经济行为发生纳税义务即产生，如根据《中华人民共和国增值税暂行条例》（国务院令 2008 年第 538 号）第十九条规定："增值税纳税义务发生时间：（一）销售货物或者应税劳务，为收讫销售款项或者取得索取销售款项凭据的当天；先开具发票的，为开具发票的当天。"也就是说，如果 10 月 5 日取得销售款，10 月 5 日就产生了纳税义务，纳税人就应该缴纳税款，但是 10 月 5 日并不是税款缴纳的时间点，因为 10 月份取得的收入，需要缴纳的税款应该在 11 月 15 日前申报缴纳，超过 11 月 15 日缴纳就会被加征滞纳金。这个道理在日常的税款缴纳过程中，一般不会有很大歧义。但值得关注的是进入稽查程序以后，在对以往年度应补缴的税款计算相应滞纳金时，起始日期和截止日期的确定有时会产生差异。差异主要体现在截止日的确定上。

经济行为发生后，或者说纳税义务产生以后，纳税申报的最后截止日是计算滞纳金的起始日期。

计算滞纳金的截止日期比较有争议。对滞纳金的计算，实际过程中出现过两种截止日期的确定。

一种是实际缴纳的日期，一种是税务稽查时进入的日期。用实际缴纳的日期作为截止日期比较常见，而用税务稽查时进入的日期作为截止日期，则是考虑稽查过程和定案的时间，尤其是在定案时间较长的案例中使用。如果不幸进入了稽查环节，除了考虑应交税金，如何缴纳滞纳金也很重要，特别是稽查时间跨度比较长的案件。此时，纳税义务发生和截止时点的确认方法就显得尤为重要。

4 税收罚款

税收罚款是税务机关对违反国家税法和税务管理制度的纳税人强制征收的一定数量货币，这是对违反税收有关规定的纳税人的一种经济制裁措施。处罚是对违反相关规定行为的处罚，一般可分为有金额标的的处罚和无金额标的的处罚。

没有金额标的的处罚，如征管法第六十条："纳税人有下列行为之一的，由税务机关责令限期改正，可以处二千元以下的罚款；情节严重的，处二千元以上一万元以下的罚款：（一）未按照规定的期限申报办理税务登记、变更或者注销登记的……"

有金额标的的处罚，如征管法第六十三条："纳税人伪造、变造、隐匿、擅自销毁账簿、记账凭证，或者在账簿上多列支出或者不列、少列收入，或者经税务机关通知申报而拒不申报或者进行虚假的纳税申报，不缴或者少缴应纳税款的，是偷税。对纳税人偷税的，由税务机关追缴其不缴或者少缴的税款、滞纳金，并处不缴或者少缴的税款百分之五十以上五倍以下的罚款。"这里，处罚的金额标的为纳税人偷税行为所造成不缴或者少缴税款的金额。

对偷税的处罚区间是 0.5 倍到 5 倍。可以看出，税务机关给予执法者处罚的自由裁量权是较大的。纳税人在争取权益的时候，也应该特别关注罚款的力度。

5 非货币支出成本

除了以上这些需要直接支付的成本外，纳税人其实还会有一些非货币支出的成本。这些成本也会对纳税人的生产和经营以及法人、办税员个人产生着极大的影响。这就是我们前面所说的隐性成本，包括纳税信用等级降低无法享受税收优惠，银行贷款失败，无法参与招投标等经济损失；又如法人无法乘坐高铁、飞机，不能担任政协委员、人大代表等而带来的非经济损失。

理解了纳税成本，我们可以有针对性地找到降低纳税成本的正确方法。在纳税成本中，应缴纳税金是占比最大的部分，通过对缴纳税金的分析，我们应该能够清晰地感知到一个道理，即企业的纳税成本是由纳税人决定的。因为企业的应纳税金是由纳税人的投资方式和经营模式决定的。这也就是我们的税务第二定律——成本定律的核心。

四　税筹八法

纳税人固有的一个观念是"税负的高低是由国家决定的，纳税人没有能力改变"，他们不认为纳税成本是可以由纳税人自己进行调控的。而实际上，只要在税前进行科学测算和合理安排，是完全可以降低纳税人的纳税成本的。

事前的税务安排即我们所说的纳税筹划。纳税筹划的方法有很多种，本书把它们总结归纳为税筹八法。

1 税筹八法第一法——"分"

"分"，是指把一个纳税主体和一个经济行为进行分拆，达到可以分别纳税的效果。现在普遍使用的分拆纳税主体的方法是将一个企业分成几个不同的企业来降低公司的营业额，使得原来不能享受小微企业优惠政策的企业，可以达到享受小微企业优惠政策的标准。"分"还可以对计税依据、纳税环节进行分割。

对纳税主体的分拆，可能会增加应纳税种。分拆企业之间的往来会形成交易，需要缴纳相关税金，此外，也可能产生其他费用增加和品牌力减弱等不利影响。

案例 2-1

假定某商业企业，年应纳增值税销售额为 800 万元，会计核算制度较为健全，符合作为一般纳税人的条件，即适用 13% 的增值税率。该企业有部分业务取得的进项税额很少，应交增值税额高于税负平衡点 3%，同时有部分业务取得的进项税额很多，应交增值税额低于税负平衡点 3%。

第一种"分"的方式：将该企业分设为两个企业，各自作为独立核算单位，销售额均为 400 万元，成为小规模纳税人，实际税负为 3%。

第二种"分"的方式：将该企业分设为两个企业，各自作为独立核算单位。其中一家申请按照一般纳税人方式计税，将增值税额低于税负平衡点的业务交由一般纳税人经营，税负低于 3%；另一家以小规模纳税人方式计税，将增值税额高于税负平衡点的业务交由小规模纳税人经营，按 3% 征税，如此综合起来，实际税负将低于 3%。

筹划思路	纳税人	增值税税负
原始状态	一个纳税人	增值税税负高于 3%
第一种划分方法	分立成两个小规模纳税人	增值税税负固定 3%
第二种划分方法	分立成一个小规模纳税人、一个一般纳税人	增值税税负低于 3%

用分的方式降低企业规模，还可以适用企业所得税的相关政策来进行纳税筹划。

案例 2－2

某电梯销售公司，系增值税一般纳税人。主营业务为电梯销售，同时兼营电梯安装服务。在2015年3月1日该公司销售了一批总价760万元的电梯，其中电梯销售收入为560万元(购进成本为520万元，进项税率为13%)，安装费用200万元。

如果选择只签订一个760万元的销售合同，按照13%的税率纳税，需要缴纳增值税27.61万元；如果选择分开签订销售和安装合同，则安装服务可以按照甲供工程选择适用简易计税方法计税，按照13%和3%的税率纳税，需要缴纳增值税10.6万元。

运用"分"的方法可以减少一部分应

纳税款，但一定要注意，对业务进行分拆，必须得有合理的业务逻辑；而对纳税主体进行分拆，可能同时会带来其他费用的增加和品牌力减弱等不利影响。

合同签订方式	合同内容	增值税税负
签订一份合同	电梯销售合同760万元	增值税税率13%
分别签订合同	电梯销售合同560万元	增值税税率13%
	安装合同200万元	适用简易计税方法，增值税税率3%

2 税筹八法第二法——"合"

"合"，是把两个纳税主体合并为一个，使得两个纳税主体之间的交易行为变为内部流转，这样可以减少对应交易环节的税款。同时，利用合并技术，笔者认为可以将亏损企业亏损额度和盈利企业的应纳税所得额互相抵消，来达到减少应纳税所得额的目的。

案例 2 - 3

甲公司经营不善，经过初步估计本年度可以扣除的资产损失为 7 800 万元。但甲公司无经营利润，使得这部分损失无法抵扣。甲公司与乙公司的经营范围基本相同，乙公司预计纳税年度实现利润 8 000 万元。需要缴纳 2 000 万元企业所得税。

如果甲公司与乙公司的股东达成协议，甲、乙公司合并组成新的乙公司，甲公司的全部资产和负债并入乙公司，甲公司的股东取得乙公司的股权，同时甲乙公司的合并符合税务相关条件。合并后原甲公司的亏损可以在合并后的新公司进行抵扣，则新公司应缴企业所得税为：（8 000-7 800）×25%=50（万元）。

企业申报方式	经营所得亏损	企业所得税税负（万元）
盈利企业和亏损企业独立纳税	所得亏损无法弥补	2 000
盈利企业和亏损企业合并纳税	所得亏损可以弥补	50

在符合相关条件和程序的前提下，亏损企业和盈利企业可以合并，但也应该注意可能带来的其他问题，如股东权益分配、职工安置，等等。

纳税主体的合并也会带来其他费用的增加，也可能带来一些比如增值税进项税金扣除的减少，等等。

案例 2 - 4

某集团公司拥有多家公司，其中有一家独立的水泥厂，一家独立的火电厂。火电厂生产的电力主要供水泥厂使用，部分盈余电力销售给国家电网。供应给火电厂的价格低于销售给国家电网的价格。税务稽查时税务机关认定，销售给火电厂的电力，应该与销售给国家电网的电力价格相同，并对此作出纳税调整的决定，公司需补缴电价差额的增值税。

集团公司决定将水泥厂与火电厂合并，合并后工厂将生产电力用于应税项目水泥生产，则不需要在本业务环节缴纳增值税。

纳税环节	应税项目	增值税税率
独立纳税电厂	对外销售	13%
合并纳税电厂	对外销售部分	13%
	自用生产部分	本环节不缴纳增值税

3　税筹八法第三法——"变"

"变"，就是转换、转变纳税人的经营模式，也就是转换、转变交易形式或转换、转变业务流程。前面所说的将销售产品转变为服务以及将销售土地转变为转让股权也都属于"变"的范围。

案例 2 - 5

有一家公司名下有且仅有一块土地，现准备将其转让。有两种转让模式：直接转让土地或转让公司股权。第一种交易模式需要缴纳增值税、土地增值税、所得税、契税、印花税、城建税等；另一种交易模式只需要缴纳股权转让的所得税。

交易形式	交易行为	纳税义务
以不动产转让形式	直接出售房产	增值税、土地增值税、所得税、契税、印花税、城建税
以股权转让形式	出售全资子公司	所得税

案例2-5中的两种交易形式除了缴纳税种有差异，即使都需要缴纳的所得税，所得税计算的基数和方法都不一样。

4 税筹八法第四法——"定"

"定"，是指企业在进行经济业务之前，积极与税务局进行协商，以增加纳税义务的确定性，稳定企业的经营预期。常用的有预约定价安排、核定征收等方式。

案例 2-6

甲公司为一家大型家电生产企业，隶属于某家跨国集团公司。甲公司通过香港的关联企业，在印度尼西亚设立全资子公司乙公司，主要从事小家电制造。为降低税务风险，甲公司向主管税务机关提交了双边预约定价安排预备会谈申请。

通过预约定价安排，可减少同期资料保存和提供的烦琐性工作，规范与全资子公司乙公司关联交易的定价，防范税企双方在业务交易真实性和交易价格合理性方面产生不必要的分歧，来稳定公司的生产经营业绩预期，并有效避免双重征税问题。

管理方式	资料准备	备案效果
同期资料准备	周期完成	按照市场价格
预约定价安排	一次完成	按照预约定价核算

核定是目前运用最多的降低个人所得税税负的方法。纳税人投资成立合伙企业、个体工商户，经营所得直接缴纳个人所得税，适用 5%～35% 的税率。也有的地方

对符合条件的合伙企业和个体户可以采取核定征收个人所得税的方式。

公司设置	经营利润分配涉及税种	征收方式	税负
有限责任公司	企业所得税、个人所得税	查账征收	经营利润的 40%
个人独资、合伙企业	个人所得税	查账征收	经营利润的 5%~35%
个人独资、合伙企业	个人所得税	核定征收	核定征收率一般不超过 10%

5 税筹八法第五法——"增"

"增"，是指企业通过增设销售公司，调整销售模式，改变计税依据，从而降低纳税成本的方法。

案例 2 - 7

某白酒生产企业生产的 A 类白酒（按售价 20% 征收消费税），白酒成本价为每公斤 50 元，包装后对外销售价格每公斤 100 元，应缴纳消费税 20 元。另一种方式为该企业投资增设一家销售公司，将未包装的白酒，以每公斤 70 元的价格卖给销售公司，销售公司进行包装后以每公斤 100 元的价格进行销售。

因为消费税的计税依据是生产环节的销售价格，所以当我们增加了一个销售环

消费税法出台后消费税的纳税环节有变化。

销售主体	计税依据	税务影响
未设立销售公司	以生产公司销售价格为消费税计税依据	消费税的计税依据100元/公斤
设立销售公司	以向销售公司销售的价格为消费税计税依据	消费税的计税依据70元/公斤

节的时候，降低了生产环节的销售价格，从而降低了消费税的计税依据，减少了消费税的应缴税金。

　　某房地产公司开发一块成本很低的土地，根据现在的房地产市场行情分析，企业将适用 60% 的税率，承担较重的土地增值税。于是企业做出了一个决定，当项目开发到一定程度的时候，公司将在建工程转让给公司控制的另一家项目公司。这样，在建工程转让的时候，拿地公司将开发土地转让的溢价控制在适用 30% 税率的水平，缴纳一次土地增值税，之后的开发和销售由项目公司继续进行。由于中途转让溢价提高了项目公司的成本，提高了土地增值税的计算基数，因此在计算整个项目土地增值税时项目公司也只适用 30% 的税率。这样的处理，让一个项目的增值变成两次计算缴纳土地增值税，使得土地增值税的适用税率从 60% 变为 30%。虽然整体的增值空间不变，但因为适用税率变低，使得应交的土地增值税总额减少。

销售环节	清算环节	土地增值税税率
拿地公司开发完毕后销售开发产品	进行一次土地增值税清算	适用 60% 的税率
拿地公司开发到一定程度将项目转让给项目公司开发后对外销售	进行两次土地增值税清算	两次清算都适用 30% 的税率

6 税筹八法第六法——"减"

"减"，主要是指直接利用国家的税收减免税政策。

国家为了鼓励和支持企业发展，会出台各类优惠政策，以减少纳税人的税收成本。如房产税的减免政策：除涉及国家产业政策限制或禁止发展的行业，以及财政部、国家税务总局规定不得减免税的情形外，符合以下六类情形之一的纳税人可申请困难减免。这六类情形分别是：

（1）因全面停产（不包括季节性停产）、停业半年以上，年度会计利润出现亏损，缴纳房产税确有困难的。

（2）国家和省级重点建设项目、扶持发展项目，年度会计利润出现亏损，缴纳房产税确有困难的。

（3）符合国家产业结构调整指导目录下的鼓励类产业，年度会计利润的亏损金额超过 50 万元且亏损金额占收入总额的比重超过 10%，缴纳房产税确有困难的。

（4）从事救助、救济、教育、科学、文化、卫生、体育、环境保护、社会公共设施建设和其他社会公共福利事业的公益性基金会、社会团体和群众团体，缴纳房产税确有困难的。

（5）因不可抗力，如风、火、水、地震等严重自然灾害和其他意外原因，导致纳税人发生重大损失，正常生产经营活动受到重大影响，缴纳房产税确有困难的。

（6）其他经市、县（市、区）人民政府确认其缴纳房产税确有困难的情形。

纳税人发生困难	是否申请减免	纳税义务
六类困难情况	是	可全额或部分减免税金
	否	需要全额缴纳税金

7 税筹八法第七法——"弃"

"弃"，顾名思义，就是放弃，主要是指主动放弃享受一些优惠政策。在某些情况下，放弃享受优惠政策，或者说选择放弃一些实际优惠较少的优惠政策，反而可以减少应纳税金。

案例 2 - 9

甲公司既属于高新技术企业，又符合软件企业减半征收企业所得税这一优惠条件，但是这两项企业所得税优惠政策同属于税率式减免，不能同时享受。

假定甲公司年度实现应纳税所得额100万元。

第一种情况：选择享受高新技术企业的15%税率，应交企业所得税为：100×15%=15（万元）。

第二种情况：选择享受软件企业减半征收企业所得税，应交企业所得税则为：100×25%×50%=12.5（万元）。

可以发现，放弃高新技术企业税收优惠，选择享受软件企业减半征收，则可少缴纳企业所得税2.5万元。

使用"弃"法，需要纳税人在选择和放弃税收优惠时做出测算和比较。

优惠政策	应纳税金	选择适用
高新技术企业企业所得税税率15%	应纳税所得额×15%	税收优惠力度小
重点软件企业企业所得税减半征收	应纳税所得额×25%×50%	税收优惠力度大

案例 2-10

2020 年度，张先生和张太太两人均未产生自负医疗费，但儿子当年花费医疗费 10 万元，全部自负。张先生的年应纳税所得额为 10 万元，张太太的年应纳税所得额为 3 万元，均未考虑大病医疗专项附加扣除。

儿子的大病医疗费用，有 8 万元可以由夫妻双方的一方申请扣除。如果张先生与张太太因疏忽而忘记申报大病医疗专项附加扣除，则 2020 年度，张先生应纳个人所得税为：100 000×10%-2 520=7 480（元）；张太太应纳个人所得税为：30 000×3%=900（元）。

如果由张太太申报大病医疗专项附加

扣除 8 万元，则 2020 年度，张先生应纳个人所得税为：100 000×10%−2 520=7 480（元）；张太太应纳个人所得税 0 元。可少缴税款 900 元。

如果由张先生申报大病医疗专项附加扣除 8 万元，则 2020 年度，张先生应纳个人所得税为：（100 000−80 000）×3%=600（元）；张太太应纳个人所得税为：30 000×3%=900（元）。可少交税款：7 480−600=6 880（元）。

那么很明显，张太太应该选择放弃扣除。

再来看关于放弃的另外一种情形。

增值税一般纳税人兼营免税项目或非增值税应税劳务，可能有两种情形：可以明确划分，但货物免税项目取得的进项税额高而征税项目的进项税额低；无法划分，不得抵扣进项税额的，需按销售比例法进行分摊。在这两种情况下就可能产生放弃免税优惠反而能因为获得进项税额抵扣而少交税款的情况。

营业项目	上游发票	应对策略
免税项目和应税项目共存	取得的进项税额偏低	尽量享受免税政策
	取得的进项税额偏高	考虑放弃免税政策

8 税筹八法第八法——"争"

"争"，就是争取，是指纳税人应当充分利用自身享有的权利，积极争取税收优惠等有利政策的适用。

案例 2-11

根据财政部、国家税务总局《关于资源综合利用增值税政策的公告》，自2019年9月1日起，纳税人销售自产磷石膏资源综合利用产品，可享受增值税即征即退政策，退税比例为70%。具体要求为：1.纳税人利用磷石膏生产水泥、水泥熟料，继续按照《资源综合利用产品和劳务增值税优惠目录》2.2"废渣"项目执行，即"42.5及以上等级水泥的原料20%以上来自所列资源，其他水泥、水泥熟料的原料40%以上来自所列资源"；

2. 纳税人符合《水泥工业大气污染物排放标准》（GB 4915—2013）规定的技术要求；

3. 综合利用产品应当符合相应的国家或行业标准。

　　假设某纳税人生产其他水泥的原料39%来自"废渣"所列资源，则其可努力争取改进生产工艺使原料比例超过40%，可享受增值税即征即退政策退税70%。

满足其他条件	废渣资源比例	增值税优惠政策
其他水泥	39%	不能享受税收优惠政策
	41%	享受增值税退税70%政策

不过，纳税人选择增值税免税或放弃免税政策时都要进行综合考虑。若选择免税，销售免税货物就不能开具增值税专用发票；若放弃免税，则 36 个月内不得改变。因此，如何选择才能使企业利益最大化，需要企业认真分析后做出选择。

纳税筹划的方法还有很多，纳税人可以针对不同的情况、不同的目的，使用不同的方法。

以上总结的八种方法其实是两两对应的，有分就有合；能够进行转换转变，也可以把它确定固定；有增加就有减少；有放弃就有争取。本书想告诉大家的是，我们在考虑纳税筹划的方法时，可以从一个事情的两个方面去考虑，两方面都有可能帮助纳税人达成目的。其实，只要纳税人认真专注，还可以发现更多更好的方法。

同时还要着重提醒大家，本书总结的税筹八法只是进行税务安排的一些思路，每个纳税人都有自己不同的情况，具体问题具体分析，绝不能比照上述案例生搬硬套，否则可能会带来完全不同的结果。

五　税筹七点

纳税人进行纳税筹划时一定要掌握好进行筹划的切入点。这个切入点是进行纳税筹划的重点、要点、核心点，也就是解决问题的突破口。从上面的分析方法可以看出，这个突破口或者切入点，包含了税制要素的所有内容，本书把它称为税筹七点。

1　第一点——纳税人

纳税人是指税法规定的直接负有纳税义务的单位或个人。

每个税种都会对本税种的纳税人作出界定，也就是说，不在本税种纳税人界定范围内的，不是此税种的纳税人，不用缴纳本税种。

把纳税人作为纳税筹划的切入点，就是指通过调整组织架构或者是交易模式，来调整纳税义务。

具体可从三个方面考虑：

一是考虑"我是不是这个税种的纳税义务人"或者"能不能让我不是这个税种的纳税义务人""用什么方法可以使自己变成不是这个税种的纳税人"。

二是考虑"如果想变成不是这个税种的纳税人，需要满足一些什么条件，会增加多少成本，会有一些什么样的结果，会不会成为别的税种的纳税人""变与不变这两者的差别是什么，变化有多少，我会得到多少利益"。

三是要考虑不同的纳税人身份及税务机关对其管理程度的差别，特别是税务机关对一般纳税人和小规模纳税人管理程度的差别。

首先，我们可以考虑"我是不是这个税种的纳税义务人"或者是"能不能让我不是这个税种的纳税义务人"这两个问题。

李先生投资一个项目，准备设立公司，预计项目年盈利 100 万元，公司税后利润全部分配给股东。

李先生有两种选择：

1. 如果设立有限责任公司，公司需要缴纳企业所得税：100×25%=25（万元），且税后利润分配后，股东须缴纳个人所得税：（100−25）×20%=15（万元），则李先生实际到手：100−25−15=60（万元），实际税负为 40%。

2. 如果设立个人独资企业，不需要缴纳企业所得税，需要缴纳个人所得税：[100×35%−6.55]=28.45（万元），李先生实际到手：100−28.45=71.55（万元），实际税负 28.45%。

公司架构	税种	整体税负
有限责任公司	要缴纳企业所得税、个人所得税	税负 40%
个人独资企业	不缴纳企业所得税、缴纳个人所得税	税负 28.45%

　　李先生在投资时选择不同的公司性质得到不同的税务结果。如果是成立的有限公司，它就是企业所得税的纳税人，经营利润分配到个人手中时就得缴企业所得税和个人所得税两个税种的税款。显然，两个税种的税款叠加会高于只缴纳一个税种的税款。

　　同时，我们也可以考虑"如果不能规避这个税种，我能不能选择一个对我有利的计算"。

王先生准备设立一家餐饮企业,妻子、儿子、儿媳均作为该企业的员工从事相应工作,预计年获得利润 100 万元。王先生有两种选择:

1. 如果以王先生个人的名义设立独资企业,则 100 万元的利润按照"经营所得"缴纳个人所得税,适用 35% 的税率,应缴个人所得税为:100×35%−6.55 = 28.45(万元)。

2. 如果家中四人共同设立合伙企业,四人平均分配利润,每人分得利润 25 万,适用 20% 的税率,则合计缴纳个人所得税为:(100÷4×20%−1.05)×4=15.8(万元)。

公司组织形式	计税依据	整体税负
个人独资企业	一人全部所得作为计税依据	案例税负偏高
合伙企业	合伙人分摊后作为各自的计税依据	案例税负偏低

　　王先生选择成立个人独资企业，就是将一个人作为纳税人，而选择和家人一起成立合伙企业，则是将四个人作为纳税人，这将分摊计税依据并降低适用税率。虽然总体利润额不变，但是王先生通过选择不同的公司组织形式使最终合计缴纳的税款减少。

　　分、子公司的选择也是纳税人经常会遇到的问题，关于分、子公司的选择也包含上述考虑的两个因素。

案例 2 - 14

兴旺公司准备在乙地设立一个分支机构。预计该分支机构前两年投入较大，前期亏损，自第三年开始盈利。如果乙地有所得税两免三减半的政策优惠，应如何进行组织机构的设置？

如果设立分公司，则分公司不是独立纳税人，不能享受优惠政策，但前两年投入时的前期亏损部分可以并入总公司兴旺公司，抵扣兴旺公司两年的盈利，减少应纳税所得，使兴旺公司少交企业所得税。第三年盈利后，分公司利润将并入总公司缴纳企业所得税。

如果成立子公司，则子公司是独立纳税人，因而可以享受优惠政策，但由于前两年投入时处于亏损状态，使其"完

此外，我们也可以思考一下，如果先成立分公司，第三年将其变更为子公司，纳税情况会有怎样的变化。

美"错过优惠政策中的"两免"。第三年盈利时，需要先弥补前两年亏损，再继续享受"三减半"政策。

2 第二点——纳税地点

纳税地点，是指纳税人申报缴纳税款的地点。

我国税收制度对纳税地点规定的总原则是纳税人在其所在地就地申报纳税。同时考虑到某些纳税人生产经营和财务核算的不同情况，对纳税地点也作了不同规定：

（1）在企业所在地纳税。如增值税、企业所得税等，除另有规定者外，由纳税人向其所在地税务机关申报纳税。

（2）在经营行为所在地纳税。主要适用于跨地区经营和临时经营的纳税人。如建筑安装企业承包建筑安装工程和修理业务（不包括承包铁路、公路、管道、输变电和通信线路等跨省、自治区、直辖市移动施工工程），在承包工程所在地纳税。

（3）集中纳税。对于少数中央部、局实行统一核算的生产经营单位，由主管部、局集中纳税。

（4）口岸纳税。主要适用于关税。

具体到增值税纳税地点，规定如下：

（1）固定业户应当向其机构所在地或者居住地主管税务机关申报纳税。总机构和分支机构不在同一县（市）的，应当分别向各自所在地的主管税务机关申报纳税；经财政部和国家税务总局或者其授权的财政和税务机关批准，可以由总机构汇总向总机构所在地的主管税务机关申报纳税。

根据税收属地管辖原则，固定业户应当向其机构所在地的主管税务机关申报纳税，这是一般性规定。这里的机构所在地是指纳税人的注册登记地。如果固定业户设有分支机构，总分支机构不在同一县(市)，但在同一省(自治区、直辖市、计划单列市)范围内的，经省(自治区、直辖市、计划单列市)财政厅(局)和国家税务局批准，可以由总机构汇总向总机构所在地的主管税务机关申报缴纳增值税。

（2）固定业户到外县(市)销售货物的，应当向其机构所在地主管税务机关申请开具外出经营活动税收管理证明，向其机构所在地主管税务机关申报纳税。未持有其机构所在地主管税务机关核发的外出经营活动税收管理证明，到外县(市)销售货物或者应税劳务的，应当向销售地主管税务机关申报纳税；未向销售地主管税务机关申报纳税的，由其机构所在地主管税务机关补征税款。

（3）非固定业户销售货物或者劳务，应当向销售地或者劳务发生地的主管税务机关申报纳税；未向销售地或者劳务发生地的主管税务机关申报纳税的，由其机构所在地或者居住地的主管税务机关补征税款。

（4）其他个人提供建筑服务，销售或者租赁不动产，转让自然资源使用权的，应向建筑服务发生地、不动产所在地、自然资源所在地主管税务机关申报纳税。

（5）扣缴义务人应当向其机构所在地或者居住地主管税务机关申报缴纳扣缴的税款。

（6）进口货物，应当由进口人或其代理人向报关地海关申报纳税。

所得税纳税地点的规定如下：

居民企业以企业登记注册地为纳税地点；但登记注册地在境外的，以实际管理机构所在地为纳税地点。企业登记注册地，是指企业依照国家有关规定登记注册的住所地；实际管理机构，是指对企业的生产经营、人员、账务、财产等实施实质性全面管理和控制的机构。

纳税人可以通过一些安排选择纳税地点。比如企业所得税以注册地为纳税地点，可以考虑把公司的注册地点安排在合适的地点；又比如进口关税在口岸纳税，可以考虑在合适的口岸办理进关手续。

把纳税地点当作切入点要从两个方面考虑：

一是考虑不同的地区适用的税收政策，尤其是国家支持和扶持的地区会有非常明显的优惠，比如西部大开发、高新园区、自贸园区。此外，还有一些地方基于招商引资的目的会给予一些政策补贴。

二是考虑税务管理的严格程度。现在各地的税务管理状态会存在一定的差别，有的税务机关管理比较严格，有的则会相对宽松。税务管理的严格程度会对纳税人的纳税状态产生较大影响。

案例 2 - 15

某企业原计划在广州设立一家企业，该企业预计年盈利 1 000 万元。经过市场调研得知，该企业设在广州还是深圳对于企业的盈利能力没有实质性影响。

如果该企业在深圳设立企业，企业在经济特区内取得的所得，可以享受下列税收优惠政策：自取得第一笔生产经营收入所属纳税年度起，第一年至第二年免征企业所得税，第三年至第五年按照 25% 的法定税率减半征收企业所得税。

按照该企业年盈利1 000万计算：

如设在广州，该企业五年需要缴纳企业所得税：1 000×25%×5=1 250（万元），税后利润为：1 000×5-1 250=3 750（万元）。

如果设在深圳，该企业五年需要缴纳企业所得税：1 000×25%×50%×3=375（万元），税后利润为：1 000×5-375=4 625（万元）。

地点	涉税事项	所得税负
广州	无其他涉税事项下，企业所得税税率25%	企业所得税税负高
深圳	享受"二免三减半"企业所得税优惠政策	企业所得税税负低

3 第三点——税目税率

税目，是指在税法中对征税对象分类规定的具体的征税项目，它反映具体的征税范围，规定了一个税种的课税范围，是对课税对象质的界定，反映了课税的广度。

税率，是对征税对象的征收比例或征收额度。税率是计算税额的尺度，也是衡量税负轻重的重要标志。

由于一税目通常适用一税率，因此，适用税目和税率高度关联，相辅相成。当无法改变税种时，纳税人可以考虑通过改变业务模式或用其他方式改变税目、税率。

把税目、税率当作切入点可以从两个方面考虑：

一是业务模式的改变。这将改变经济行为适用的税率。

二是用"分"的方法将计税基础、计税依据，分成两个或两个以上的部分，使得各部分分别适用不同的税目、税率。

我国现行的税率形式主要有比例税率、超额累进税率、超率累进税率、定额税率。

案例 2 - 16

　　A公司于2016年开发了一款可对图形进行三维演示的系统，并将该系统申请了"××图形三维演示系统"软件著作权。为了便于系统的推广和使用，A公司将该系统设置为网络版模式。用户付款后，A公司会提供一个登录名和密码，用户凭借该登录名和密码登录后就可对需要了解的内容进行在线观看。系统的日常升级和维护由A公司负责，不再对用户收取费用。

　　根据增值税法相关规定，第一，一般纳税人销售软件适用增值税税率13%，增值税一般纳税人销售其自行开发生产的软件产品，按13%税率征收增值税后，对其增值税实际税负超过3%的部分实行即征即退政策；第二，一般纳税人提供技术服务适用增值税税率6%，纳税人销售软件产品并随同销售一并收取的软件安装费、维护费、培训费等收入，应按照增值税混合销售的有关规定征收增值税，并可享受软件产品增值税即征即退政策。对软件产品交付使用后，按期或按次收取的维护、技术服务费，培训费等不征收增值税。

A 公司如果按销售软件处理，则其增值税实际税负率直接控制在 3%；如果按提供技术服务处理，增值税实际税负率取决于进项税额的大小，最终结果可能会超过 3%，也可能低于 3%。

提供软件服务的企业进项一般会比较少，所以它的税负会高于 3%。

服务性质	增值税影响
提供软件销售	增值税即征即退，增值税税负固定为 3%
提供软件服务	进项税额多，则增值税税负低于 3%
	进项税额少，则增值税税负高于 3%

甲企业现有一栋闲置库房，房产原值为 1 000 万元，现有两种方案可以实施：一是将闲置库房出租收取租赁费，年租金不含税收入为 200 万元；二是将闲置库房改为仓库，并配备保管人员为客户提供仓储服务，收取仓储费，年仓储不含税收入为 210 万元（每年支付给保管人员费用 10 万元）。假定当地房产原值的扣除比例为 30%。具体分析如下。

如果实施方案一，采用出租方案：

应纳房产税：200×12%=24（万元）；

应纳增值税：200×9%=18（万元）；

应交城建税及教育费附加：18×（7%+3%+2%）=2.16（万元）。

以上共缴税款 44.16 万元。

如果实施方案二，采用仓储方案：

应纳房产税：1 000×（1−30%）×1.2%=8.4（万元）；

应纳增值税：210×6%=12.6（万元）；

应交城建税及教育费附加：12.6×（7%+3%+2%）=1.51（万元）。

以上共缴纳税款 22.51 万元。

案例中两个方案的不同带来了两个差别：一是变出租为仓储，房产税的计税依据由从租计征变成了从价计征，也将计税依据从租金收入变成了房产原值，同时税目税率也发生变化，从 12% 变成了 1.2%；

二是增值税的税目税率发生了变化，从不动产出租的 9% 变成了仓储服务的 6%。

厂房处理	税务事项
闲置库房出租	增值税：税率 9%
	附加税：增值税额 ×12%
	房产税：租金 ×12%
提供仓库服务	增值税：税率 6%
	附加税：增值税额 ×12%
	房产税：原值 ×（1－扣除比例 %）×1.2%

案例 2-18

　　某公司是增值税一般纳税人。某月销售钢材取得含税销售额 1 000 万元，同时又取得了经营农机的含税销售额 200 万元。前项经营的增值税税率为 13%，后项经营的增值税税率为 9%。

　　如果该公司对两项经营未分别核算，则该公司应纳增值税为：（1 000+200）÷（1+13%）×13%=138.05（万元）。

　　如果该公司选择对两种经营活动分别核算。该公司应纳增值税为：1 000÷（1+13%）×13%+200÷（1+9%）×9%=115.04+16.51=131.55（万元）。

　　两种方案应纳增值税的差额为 6.5 万元。

　　这就是采用不同的核算方式，使其适用不同的税目、税率得到的结果。

4 第四点——计税依据

计税依据又叫税基，是指据以计算征税对象应纳税款的直接数量依据，它解决对征税对象课税计算的问题，是对课税对象的量的规定。计税依据的数额同税额成正比例，计税依据的数额越多，应纳税额也越多。

把计税依据当作切入点，可以从以下两个方面考虑：

一是通过调整征税对象的性质，使计税依据申报纳税方式改变，或出现免税情况。

二是通过调整计税依据的计算方法，达到降低税负的效果。

案例 2 - 19

　　房地产开发企业通过招拍挂购入土地100亩，与国土部门签订的出让合同价格为10 000万元，企业已支付10 000万元。现政府拟返还款3 000万元。有三种不同的返还方式，这三种方式会给企业计算所得税带来不同的影响。

　　第一，在土地出让金入库后以财政支持的方式给予房地产开发企业补助3 000万元，用于企业招商引资奖励和生产经营财政补贴。该资金性质为与收益相关的政府补助，按照经济业务实质，应计入其他收益或冲减相关成本费用。与企业日常活动无关的政府补助，则应当计入营业外收入，增加当期所得税计税依据，并一次性纳税。当年应缴纳企业所得税：

3 000×25%=750（万元）。

第二，在土地出让金入库后以财政支持的方式给予房地产开发企业补助 3 000万元，专门用于企业在开发区内建造会所、物业管理场所、电站、热力站、水厂、文体场馆、幼儿园等配套设施。该资金性质为与资产相关的政府补助，应当冲减相关资产的账面价值或确认为递延收益，不在当期确认为所得税计税依据。在相关资产使用寿命内按照合理、系统的方法分期计入损益，产生递延纳税效果。项目完成后或者五年内承担企业所得税 750 万元。

第三，土地直接作为土地出让金返还，

第一种方法和第二种方法都只涉及企业所得税，但会有纳税时间不同的结果。第三种方法，还会涉及土地增值税，对土地增值税的清算会产生巨大影响。

则应该减少土地成本，当不作为征税收入，待项目完成后，在进行土地增值税和企业所得税计算时减少扣除额度，征收土地增值税和企业所得税。项目清算时先进行土地增值税清算会涉及900万的土地增值税，再对增值部分承担企业所得税：（3 000－900）×25% ＝ 525（万元）。

A公司由于生产经营需要准备招聘100名普通职工，人均月工资为2 000元，合同期限为3年。

由于该项工作不需要职工具备特殊技能，且只需坐在椅子上就可以完成，因此腿部残疾的人员也可以胜任该工作。该公司决定招用残疾人员。根据《中华人民共和国企业所得税法实施条例》第九十六条，该公司可以享受按实际支付给残疾职工工资的100%加计扣除的优惠政策。3年内，支付给残疾职工的工资可以为企业节约企业所得税：$2\,000 \times 100 \times 12 \times 3 \times 25\% = 180$（万元）。

除此以外，雇用残疾人还可以为企业

安置残疾人和增加研发投入都可达到增加所得税扣除基数的效果。

招聘策略	企业所得税工资扣除标准	其他税务影响
招聘普通员工	工资正常计算扣除	残疾人就业保障金正常计算
招聘残疾职工	工资加计100%扣除	残疾人就业保障金享受减免

节约残保金的支出。假设该公司共有员工5 000人，按1.7%的标准应当雇用残疾人85人。如果不雇用上述100名残疾人，假设该公司人均年工资5万元，则该公司每年应当缴纳残保金425万元。

　　某机械制造厂新购进一台大型机器设备，原值为 400 000 元，预计残值率为 3%，该设备的折旧年限为 5 年。假设在提取折旧之前企业每年的税前利润均为 1 077 600 元。企业所得税税率为 25%。那么，采用不同方法计算出的折旧额和所得税额见下页表格。

　　无论采用哪种折旧提取方法，对于某一特定固定资产而言，企业所提取的折旧总额是相同的，同一固定资产所抵扣的应纳税所得额及由此所抵扣的所得税额也是相同的。差别是企业在固定资产使用年限内每年所抵扣的应纳税所得额的不同。由此导致的每年所抵扣的所得税额也是不同的。

　　在具备采取固定资产加速折旧条件的情况下，企业应当尽量选择固定资产的加速

除了直线法和缩短折旧年限法，还有双倍余额递减法和年数总和法等。

直线法

年份	折旧额	税前利润	所得税额
1	77 600	1 000 000	250 000
2	77 600	1 000 000	250 000
3	77 600	1 000 000	250 000
4	77 600	1 000 000	250 000
5	77 600	1 000 000	250 000
合计	388 000	5 000 000	1 250 000

缩短折旧年限法

年份	折旧额	税前利润	所得税额
1	129 333	948 267	237 066.75
2	129 333	948 267	237 066.75
3	129 333	948 267	237 066.75
4	0	1 077 600	269 400
5	0	1 077 600	269 400
合计	388 000	5 000 000	1 250 000

折旧。具体方法的选择可以根据企业实际情况，在法律允许的四种方法中任选一种。

本案中，采用双倍余额递减法提取折旧所获得的税收利益最大，其次是年数总和法和缩短折旧年限法，最差的是直线法。

当然，如果企业当前适用的税率较低或者正处于免税期，该企业就不宜选择加速折旧，而应当在税率较高的期间扣除较多折旧，在税率较低期间扣除较少折旧。

折旧方法	总体影响
直线法	折旧期内税负平均，期限正常
缩短折旧年限法	折旧期内税负平均，期限较短
双倍余额递减法	前几个年度税负最低，期限正常
年数总和法	前几个年度税负较低，期限正常

5 第五点——纳税义务发生时间

　　纳税义务发生时间是指纳税人依照税法规定负有纳税义务的时间。由于纳税人的某些应税行为和取得应税收入在发生时间上不尽一致，为正确确定税务机关和纳税人之间的征纳关系，税法对纳税义务的发生时间一般都作了明确规定，归纳起来主要有：

　　（1）按照工业产品或商品销售收入额计税的，凡采用托收承付结算方式的，为收到货款的当天或办妥委托银行收款的当天。采用其他结算方式的为商品发出的当天。

　　（2）按照应税农、林、牧、水产品采购金额计税的，为结付收购货款的当天。按照应税农、林、牧、水产品实际销售收入额计税的，为成交的当天。

　　（3）按照服务性业务收入额计税的，包括交通运输、建筑安装、邮政电讯、金融保险、公用事业等行业，均为取得营业收入的当天。

（4）在进口环节纳税的，为报关进口的当天。

（5）在特定环节纳税的，应分别情况而定。

把纳税义务发生时间当作切入点，可以从以下几个方面考虑：

一是通过改变结算方式的方法，调整纳税义务时间。

二是通过调整经营行为，结合自身情况主动适用税收优惠政策。

案例 2 – 22

某公司原计划于 2019 年 11 月开始生产经营，并取得经营收入，当年预计会有亏损。从 2020 年度至 2025 年度，每年预计应纳税所得额分别为 100 万元、500 万元、800 万元、1 000 万元、1 500 万元和2 000 万元。

如果该企业从 2019 年度开始生产经营取得第 1 笔经营收入，则 2019 年也应当确认为享受税收优惠的期限，该公司 2019 年度至 2021 年度可以享受免税待遇，不需要缴纳企业所得税。从 2022 年度至 2024 年度，可以享受减半征税的待遇，需要缴纳的企业所得税为：（800+1 000+1 500）×25%×50%=412.5（万元）。2025 年度不享受税收优惠，需要缴纳企业所得税 500 万元。该企业从 2019 年度至 2025 年度合计需要缴纳企业所得税：412.5+500=912.5（万元）。

如果该企业将取得经营收入日期推迟到 2020 年 1 月 1 日，2020 年度就是该企业享受税收优惠的第一年。从 2020 年度至 2022 年度，该企业可以享受免税待遇，不需要缴纳企业所得税。从 2023 年度至 2025 年度，该企业可以享受减半征收企业所得税的优惠待遇，需要缴纳企业所得税：（1 000+1 500+2 000）×25%×50%=562.5（万元），减轻税收负担 350 万元。

享受"三免三减半政策"	对年度产生影响	筹划策略
2019 年取得第一笔经营收入	2019 年至 2021 年免税 2020 年至 2024 年减免	前期利润高，尽量提前
2020 年取得第一笔经营收入	2020 年至 2022 年免税 2021 年至 2025 年减免	后期利润高，尽量延后

　　企业所得税的一些定期优惠政策是从企业取得生产经营所得的年度开始计算的。如果企业从年中甚至年底开始生产经营，则该年度将作为企业享受税收优惠政策的第一年。由于该年度的生产经营所得非常少，此时企业是否享受减免税政策无太大意义。

　　在这种情况下，企业应恰当选择享受税收优惠的第一个年度，适当提前或者推迟进行生产经营活动的日期。还有一些税收优惠是自获利年度开始计算的，对于该类税收优惠，就应尽量推迟企业的获利年度。

6 第六点——纳税环节

　　纳税环节，主要是指税法规定的征税对象在从生产到消费的流转过程中应当缴纳税款的环节。考虑到税收对经济的影响、财政收入的需要以及税收征管的能力等因素，国家常常对在商品流转过程中所征的税种规定不同的纳税环节。比如，商品从生产到销售的每个环节都必须缴纳增值税，但只在生产环节缴纳消费税。

　　把纳税环节当作切入点，主要考虑的是把需要纳税的环节的计税依据尽量降低。

　　比如说烟酒、化妆品等产品的生产需要缴纳消费税和增值税，但其流通环节不缴纳消费税只需要缴纳增值税。如果生产企业成立一家独立核算的销售公司，以合理的销售价格将应税消费品销售给销售公司，再将产品销售给客户。这样使得一部分在生产环节实现的收入转移到了销售环节，降低了生产环节应该缴纳消费税的计税依据，可使纳税人的整体消费税税负下降。但这种方法并不影响纳税人的增值税税负。

案例 2 - 23

　　某化妆品生产厂家生产的高档化妆品，假设正常生产环节的不含税售价为每套 400 元，适用消费税税率为 15%，则该厂应纳消费税：400×15%=60（元）。

　　倘若该厂设立一个独立核算的子公司负责对外销售，该厂向该子公司供货时不含税价格定为每套 200 元（此价格高于生产成本），则该厂在转移产品时须缴纳消费税：200×15%=30（元）。负责销售的子公司对外零售商品时属于销售环节，不需要缴纳消费税。该企业每套商品可少纳消费税 30 元。

销售主体	计税依据	税务影响
生产公司销售	以零售价格为消费税计税依据	消费税的计税依据高
销售公司销售	以批发价格为消费税计税依据	消费税的计税依据低

7 第七点——应纳税金

应纳税金是指纳税人按照税法的规定，计算出来的应该缴纳的税款。

以应纳税金为切入点，主要考虑的是争取减免政策，直接减免应交税金，或者争取退税。

国家为了扶持企业的发展会对一些经营状况规定减免和退税的政策。如经营亏损时可以申请减免房产税和土地使用税；如生物能源的研发销售，享受即征即退 100% 的增值税优惠政策。纳税人应该多关注税收优惠政策。

案例 2 - 24

H 生物能开发有限公司，主要从事秸秆收购加工和生物能源的研发销售，享受即征即退 100% 的增值税优惠政策。当年纳税信用评价结果公布后，企业由于未按月报送财务报表，被评为 C 级，不符合优惠政策中纳税人信用级别为 B 级以上的条件，无法通过退税审批。

当地税务部门在确认企业已在规定时间内补报了财务报表，符合信用修复的条件后，便辅导企业提交修复申请和证明材料，并在系统内启动修复流程，三天内就完成了信用修复工作。同时加紧审批退税资料，实现成功退税 10.4 万元。

纳税信用	信用修复	税务影响
信用等级为 C 级	不进行任何处理	不能享受该税收优惠政策
	积极修复为 B 级	享受增值税即征即退 100%

纳税筹划，其实是一个综合性的考虑，有时候一个事项的处理，可能会涉及几个不同的点。

比如前文提到的,将转让土地转换为转让股权,就是因为考虑到如果是转让土地会有最低税率为30%的土地增值税要缴纳。由于土地价格上涨很快,很多时候转让土地时适用的土地增值税的税率甚至可以达到60%。那么，为了规避如此高的税收负担,我们是不是可以考虑从纳税人着手，也就是说将整个交易行为剔除出土地增值税的征收范围，从而达到降低交易的纳税成本的目的，于是就有了将土地交易转换为股权交易的安排。

前文还讲过，将经营模式从销售产品转换为服务的模式，无论是销售产品还是服务都需要缴纳增值税，但两种模式适用的税目和税率是有差别的。因此，可以考虑选择适用较低税率的税目，在此基础上确定交易模式，使交易模式与较低税率的税目相匹配，从而达到降低税务成本的目的。

当然，纳税人还可以从纳税地点、纳税时间等因素来考虑。但无论怎么安排税务事宜，无论怎么改变企业架构或经营模式，都会带来其他的影响，可能会使纳税人在减少纳税义务的同时增加其他的成本，有时甚至可能因此带来税务合规风险。

还要提醒纳税人的是，每个纳税人的具体情况不一样，不能按照各种纳税筹划书籍上的案例生搬硬套。并且由于政策的变化，有很多案例会出现明显的错误或者与政策不匹配的地方，纳税人在学习各种案例的时候，一定要结合最新政策具体情况具体分析。

很多人认为，节税、避税、税务筹划都是为了少交税，或者说很多人把它理解为合理地少交税。本书认为这个观点是不正确或者至少在表述上是不准确的。少交税是相对于应交税而言的。纳税人的经营行为一旦确认，应纳税金也随之确认。不论纳税人是否认为其合理，少交税款就是少交应纳税款，在此基础上的少交税就是偷税。

而事前安排是以减少应纳税金从而达到降低纳税成本为目的。这也是为什么本书建议把税负改为纳税成本的理由。

纳税人通过前期的税务安排改变了经营模式和投资方式，使得应交税款减少，从而降低纳税成本，这才是正确的纳税筹划。

同时，我们在做前期的税务安排，也就是纳税筹划时，不应该仅仅考虑降低纳税成本，因为经营模式发生变化，相对应的会带来其他的影响。

比如，我们用"分"的方式将一个规模较大的公司分立成了几个规模小的公司，虽然享受了税收的优惠，但是对企业的经营发展、品牌的建立、市场的占有都会有影响。

又比如，将亏损企业和盈利企业合并，虽然可以带来所得税的降低，但可能会因此承担亏损企业的其他"包袱"。

再比如，把土地交易变成了股权交易，减少了土地增值税的支出，但会为接手后的股东的后续开发带来隐患，承受更高的纳税成本。

因此，我们做税务安排的同时，一定也要考虑到做出的税务安排带来的其他影响。尤其值得注意的是，有的筹划方案一旦政策把握程度出现偏差，可能还会要承担由纳税筹划变为偷税的风险。

纳税人做纳税筹划，一定要慎重、专业。

税务第三定律
——维权定律

维权定律：

有准备的沟通是解决税企争议最有效的方法，诉诸法律是纳税人维权的最后手段。

一 税企争议

税企争议是指税务机关和纳税人对税收政策和执行流程理解不一致而产生的认知差异。而维权是纳税人为了解决税企争议而进行的维护自身权益的行为。

税企争议有三种形式：

1 日常税务处理中的争议

日常的税企争议主要是指纳税人接到税务机关口头通知、电话通知、文字推送、约谈和评估通知，被告知政策执行错误，或者税务处理不合规，而纳税人和税务机关意见不一致。

2 税务稽查过程中的争议

税务稽查的争议是指进入到稽查阶段时，纳税人不能接受税务机关对纳税人进行稽查后给出的稽查意见和处理结果。

3 诉诸法律的争议

诉诸法律的争议是指税企双方意见差异很大，经听证复议仍无法达成共识，进而诉诸法律。

二 税务维权

税务维权主要是指当企业与税务机关发生税务争议的时候，纳税人维护自己的权益的行为。

影响纳税人权益的税务争议包括以下两种情形：一是纳税人适用税收政策与企业经营模式可能存在不匹配的情况；二是各种税收优惠政策基于不

同的前提条件，而企业对于优惠政策的理解可能存在偏差。

1 税收政策与企业经营模式匹配度

如何准确判断日常经营活动中适用的税收政策与企业实际的经营模式是否相匹配？经常遇到的情形是，纳税人觉得按照自己的经营模式可以适用某一政策，但税务机关却认为应该适用其他的税收政策，这两种对适用的税收政策的理解差异，就变成了税企之间的争议点。

案例 3 - 1

　　一家做共享电动车的老板曾和作者探讨共享电动车收费的适用税率问题。关于应该按照什么税率缴纳增值税的问题，他认为应该属于"交通运输业"适用 9% 的税率，税务机关认为此项收入应该按照"租赁业务"适用 13% 的税率。双方谁也不能说服谁。那么这项收入到底应该是征收 13% 的"租赁业务"增值税还是 9% 的"交通运输业"增值税呢？或者还有其他的可能呢？

　　我们来梳理一下各自的观点和政策依据。企业认为应按照"交通运输业"纳税，是因为共享电动车就是一个运输的工具而已。我们可以将共享电动车和出租车或者滴滴网约车进行比较，两者的性质都是一样的，只不过运输工具不同，一个是汽车，一个是电动车。而出租车和滴滴网约车适用 9% 的增值税税率。税务机关认为共享电动车是"租赁业务"，是因为共享电动车只提供交通工具，而不像滴滴网约车、出租车一样会有司机提供驾驶服务。这其中的差别使得共享电动车变成了一种出租交通工具的行为。

经过对共享电动车业务模式的分析，我们发现，共享电动车行业和交通运输业确实有比较明显的差别，也就是共享电动车没有提供司机驾驶交通工具的服务内容，这也是税务机关坚持用"租赁业务"

来征收增值税的根本原因。但是共享电动车也不仅仅是为交通提供工具，因为在经营共享电动车的过程中，企业还需要提供有别于纯粹出租的其他服务，如市场的管理、电动车的调运、损坏车辆的维修以及电瓶的调换，等等。而这些服务是能够让消费者顺畅使用共享电动车的前提。基于这些，共享电动车行业包含大量的现代服务业的部分，是否可以适用 6% 的现代服务业的税目税率，值得商榷。

2 各种税收优惠政策的适用障碍

作为经济杠杆,国家对不同的行业、不同的地区、不同的税种,都会给予不同的税收优惠,以利于调节经济的发展。一般来说,所有的优惠政策都会有一定的条件或前提,只有符合这些条件,纳税人才能享受到这些优惠。

有时候,对于纳税人是否符合这些条件的判断会有不同的理解,一定程度上对纳税人享受优惠政策形成障碍。譬如资源综合利用,理论上只要使用的原材料符合税务机关资源综合利用清单目录上的内容,生产出合格的产品,就应该可以享受这项政策。那么税务机关是否应该对使用产品的技术指标进行考核?

曾经有一款资源综合利用的产品,使用的原材料符合国家税收政策规定的资源综合利用政策目录清单上的要求,但其利用的原材料有一项与产品的国家标准有一些差距。那么该产品能否享受资源综合利用的政策呢？有人认为税务机关在产品生产方面并不专业，没必要考虑是否符合国标这些问题，税务机关只需要考虑是否符合税收政策，符合了就可以让纳税人享受优惠。而有人认为税务机关也应该对产品标准进行审核，如果发现和国家标准有差距就不应该让纳税人享受优惠。

实际工作中这种理解上的差异普遍存在，并且会对企业享受优惠政策造成很大的影响。

此外，在整个税务管理过程中，也不可避免地会遇到因税企沟通不畅而带来的困扰。

3　沟通技巧

当纳税人与税务机关就某些问题产生分歧，或者当纳税人面对税务评估被约谈时，如何有针对性地对相关的经济行为作出解释，以保障自身的权益？

首先，纳税人应该明白，纳税评估是税务机关运用科技手段对纳税人申报的相关数据进行评估，以找出纳税人可能存在税务问题的一种方法。评估的结果只是表明纳税人的相关数据及其逻辑关系存在一定异常，并非一定存在问题。

接到税务机关通知后，纳税人如何进行正确处理，是纳税人解决税企争议、维护权益的关键环节。

案例 3 - 2

A公司是食品行业一家较大的的生产集团，主要产品有休闲食品、酸奶等。某日，该公司收到税务机关电话通知，将要对其过往三年的纳税情况进行全面的评估检查。为此，A公司做了以下三步准备：

第一步，和专管员沟通了解税务局评

估检查的原因和目的，确定了此次评估只是发现有部分申报数据有异常。异常数据可能涉及财产损失、样品领用，并不是举报、延伸稽查等情况。于是有针对性地确定沟通策略。

第二步，准备一个详尽的 PPT 文件介绍公司情况，并归集所有的财务资料、纳税申报表，将申报资料进行了重新装订、分类，并完善了目录的索引等。

第三步，A 公司聘请了外部机构一起对公司过往的纳税情况进行了全面梳理和整改。根据专业机构的意见，确定了向税务机关汇报的思路：

首先，财产损失方面。

针对每年有上千万的财产损失，财务

人员告诉税务人员，这部分财产损失是公司在生产经营过程中不可避免的损失，符合经营常规。并带领税务人员参观车间的生产过程，参观过程中财务人员向税务人员重申了作为快消品生产公司在生产流转中必然会发生损失，以及这些损失的合理性。

其次，样品赠送方面。

财务人员向税务人员展示了相关的资料文件。企业每一次赠送均有完备的销售申请，也有总监的审批，且有当时的盘点文件等相关材料的支持。

同时，财务人员以酸奶为例向税务人员说明，临期的酸奶必须要捆绑到相对比较新鲜的酸奶中进行捆绑销售。公司的产品赠送通常都是由这样的方式产生的，而且这是一种典型的随货销售行为，不是免费赠送行为。

另外，财务人员向检查人员展示了公司的账务处理，在账务上这些产品赠送已经和正常的货物销售进行了匹配处理，成本结转和收入确认都非常清晰明确。

最后，财务人员也承认在这些赠送业务中，有极小一部分样品是在卖场中由促销人员打开包装让消费者进行试尝、试吃的。经过沟通，企业也同意对该部分试尝、试吃的货品金额进行增值税和企业所得税的补缴处理。

最终处理结果：

（1）税务机关认同财产损失的正常

性，也认可临期产品捆绑销售。

（2）对于样品赠送，免费试尝、试吃部分，企业补缴增值税和企业所得税合计3 500元。

（3）检查人员在检查中发现企业的营业执照上没有粘贴印花，要求在营业执照上补贴5元的印花税。

由本案例可以看出，在应对税务评估检查方面，纳税人只要做好前期的准备工作和应对沟通方案，是可以有效降低税务风险的。

当纳税人和税务机关对有些重大经济行为发生税务争议时，纳税人该如何维护自己的权益？

案例 3-3

2019 年 10 月，某央企子公司（以下简称 H 公司）接到税务局下达的《2013年至 2018 年涉税情况》文书，对 H 公司土地借款利息资本化处理存在异议。

税务局认为，H 公司 2015 年至 2018年财务费用应全部资本化，应调减财务费用 1.48 亿元，调增应纳税所得额 1.48 亿元，应补缴企业所得税 3 700 万元。

H 公司聘请专业机构对以上资本化事项进行梳理，并积极和税务局进行沟通。

首先，H 公司认可税务局的意见，开发企业财务费用中的利息支出应该资本化。但是，税务局计算利息资本化方法有误，不该全额调减财务费用进入资本化。借款支出应该分两部分，一部分是土地支出借款利息，该部分利息应该全额资本化；另一部分是除土地支出外的开发成本支出借款利息。

经过沟通，税务局认可专业机构提出的资本化利息应分别计算的意见，重新计算利息资本化金额及应补缴的企业所得税，减少了原认定企业应补缴的企业所得税2 000多万元。

三　解决争议的方式

　　无论是日常税务处理中的税企争议，还是稽查过程中的税企争议，最好的处理方式就是沟通，最有效的方法就是有准备的沟通。有准备的沟通，要求纳税人在和税务机关沟通前，先对自身的业务模式（业务流程）、交易模式进行分析，对应该适用的税收政策和操作流程进行分析，对税务机关决定的依据作出分析，找到有利于自己的政策，找准说服税务机关的节点，之后再与税务机关进行沟通，也就是我们常说的知己知彼。这样能够提高沟通效率，切实维护自己的权益。如果没有做好充分的准备，面对熟悉政策的执法机构，纳税人很难取得想要的效果。

　　如果沟通解决不了争议，纳税人还有最后的维权方式，即听证、复议和诉讼。

1 税务听证

税务听证是指税务机关在对当事人的某些违法行为作出处罚决定之前，按照一定的形式听取调查人员和当事人的意见，从而使税务机关最终作出的处罚决定更加公正、合理的一项法律制度。

案例 3 – 4

2014年10月，河南某市国家税务局稽查分局认为某房地产开发公司对其开发的房产未按规定缴纳土地增值税，少缴土地增值税9 210万元，构成偷税，拟作出税务处理，决定责令其补缴税款、滞纳金，并予以行政处罚。该公司提出税务听证。

听证前该公司做了以下准备：

（1）企业聘请专业机构重新梳理测

算土地增值税，分析该房地产开发公司销售数据、销售金额及土地使用金、建设销售成本，明确公司虽然少缴了部分土地增值税，但数额上远未达到稽查局认定的9 210万元。

（2）公司收集资料证明欠缴税款并非有意逃税，而是当时政府拖欠该公司施工建设公共基础设施的垫资款，且政府和企业有签订备忘录，其中注明同意该公司用应缴税款冲抵。这份备忘录虽然不能减少企业纳税的义务，但至少证明该公司主观上没有逃税的故意。

在上述充分准备下，纳税人在听证中与税务机关积极沟通，最终税务机关接受纳税人意见，决定：

（1）补缴欠税款及滞纳金1 830万元；

（2）不予罚款。

2 税务行政复议

税务行政复议是纳税人、代征人或其他当事人同税务机关在纳税或违章处理问题上发生争议，向上级税务机关提出申诉后，上级税务机关作出审议答复的一种处理税务纠纷的规定。它有利于正确贯彻税收政策、保障纳税人的合法权益，维护税法的严肃性。

案例 3 - 5

（一）案情

某市税务局与该市某房地产公司的纠纷有着典型的意义，该市税务局与该房地产公司因为对税收政策的理解不一致，对簿公堂。经过多次辩论，双方的焦点集中在两点：

1. 未告知申请回避权利

2011 年 7 月 19 日，市税务局向上述房地产公司发出了税务检查通知书，告知该房地产公司税务局将对 2009 年 1 月 1 日至 2010 年 12 月 31 日期间该公司的涉税情况进行检查。通知书并未告知房地产公司享有申请回避的权利。而税务机关认为检查人员中未有需回避人员，企业也未提出回避申请要求，故不需要告知回避。

2. 营业税计税依据偏低

2012 年 6 月 29 日，市税务局对房地产公司作出《税务行政处理决定书》，要求该房地产公司对少缴税款进行补缴，其中认定该房地产公司 2010 年以低于市场价格销售给某投资发展有限公司离退休职工住宅，应按同期市场价格进行调整补缴营业税，调整金额 2 494 258.77 元，少缴营业税 124 712.94 元。纳税人认为在经营过程中，对企业的商品价格进行调整是企业自主经营的权利，税务局以价格明显偏低对纳税人进行处罚没有依据。

（二）司法实践中的一审法院意见

1. 市税务局在向上述房地产公司发出税务检查通知书时未告知其享有申请回避的权利，违反法定程序。

2. 市税务局在无价格认定行政职权的情况下，以纳税人在 2010 年以低于市场价格销售给某投资发展有限公司离退休职工住宅为由，直接以同期市场价格对房产公司进行调整补缴营业税，调整金额 2 494 258.77 元，并据此认定纳税人少缴营业税 124 712.94 元，属越权行政。故其认定该房地产公司以低于市场价格销售的事实不清，主要证据不足。

（三）上级税务机关的回复

该市税务局请示上级税务机关。上级税务机关以内部函件就请示的相关问题予以答复：

1. 关于回避问题的规定

目前，现行法律法规尚未将告知申请回避权作为税务机关执法必定的法定程序，且在税务机关统一适用的各种执法文书中，均没有告知回避的内容。

2. 关于税务机关核定营业额是否属于超越执法权的问题

《中华人民共和国税收征收管理法》第三十五条第一款第六项规定，纳税人申报的计税依据明显偏低，又无正当理由的，税务机关有权核定其应纳税额。《中华人民共和国营业税暂行条例》第四条、第五条规定，营业税以营业额为计税依据，营业额为纳税人收取的全部价款和价外费用；第七条规定，纳税人提供应税劳务的，由主管税务机关核定其营业额。《中华人民共和国营业税暂行条例实施细则》第二十条规定，纳税人有条例第七条所称价格明显偏低并无正当理由或者本细则第五条所列视同发生应税行为而无营业额的，税务机关可以确定其营业额。根据上述规定，价格是计算营业税计税依据营业额的基础，税务机关只有认定价格偏低，才能认定营业额是否偏低并确定是否适用核定征收。据此，税务机关认定价格偏低，核定营业额等行为不属于越权执法。

3.关于征收营业税核定营业额有关问题的请示

纳税人将同类商品房销售给关联企业职工或与该纳税人有特定关系的自然人，价格明显低于销售给其他无关联关系的购房者的价格的，属于《中华人民共和国营业税暂行条例》第七条所称价格明显偏低并无正当理由的情形，主管税务机关可以按照《中华人民共和国营业税暂行条例实施细则》第二十条的规定核定其营业额。

（四）二审税务机关和纳税人意见

进入二审后，税务局提出：

（1）申请回避非税务机关的法定告知程序。我局在对该房地产公司的稽查过程中，也未发现稽查人员有回避的情形，且房产公司也未向我方提出回避申请，故我方在实施税务稽查过程中，未违反法定程序。

（2）我局在实施税务检查的过程中核定的是营业额，而非价格，营业额与价格相关联，但并非同一概念。原审法院混淆了核定营业额与核定价格两个概念，以价格非税务部门认定的职权为由认定我局越权。

进入二审后，纳税人认为：

企业改制后，离退休职工收入低，住房条件差，且集体上访，造成了不良的社会影响。相关部门及领导均要求我方慎重并妥善处理此事。2010年，上级主管单位提出给这些退休的上访老职工享受优惠售房政策，我方在接到上级主管单位同意批复后，在我方开发的××项目中，按照当时市场销售价下浮20%的价格，对这些老职工优惠售房。

本案也涉及"计税依据偏低",纳税人准确抓住了"无正当理由"之重点,维护了自身利益。

（五）二审法院方面意见

1. 上诉人税务局虽未履行该告知义务,但亦未发现上诉人税务局的行政执法人员存在应当回避的情形,故上诉人税务局在该案执法过程中存在程序瑕疵。

2. 虽法律规定纳税人申报计税依据明显偏低,又无正当理由的,税务机关有权核定其应纳税额,但法律法规对"计税依据明显偏低"没有具体标准,对"无正当理由"亦没有明确的界定。况且,某投资发展有限公司前身作为改制的国有企业,离退休职工收入低,住房条件长期得不到改善,在某投资发展有限公司退休职工多次提出要求改善住房条件的情况下,纳税人降低企业收入以低于同期销售价格20%向某投资发展有限公司离退休职工优惠售房并无不当，此举应视为纳税人解决老国企退休职工住房困难，防止群体事件发生，化解社会矛盾的善意之举。税务局简单地将此认定为"明显低于市场价格，无正当理由"，并以此为由对纳税人处以124 712.94元营业税罚款显属错误。

税务机关行使法定权力时，务必注意内容合法、程序合法。请示函件非人民法院审理行政案件所应适用的法律依据，也非人民法院审理行政案件所参照的规章，且该市税务局向其上级主管部门的请示内容并未客观、全面地反映案件事实，故该两份复函不能作为定案的依据。

3　税务诉讼

税务诉讼，即税务行政诉讼，作为近现代国家解决税务行政争议的一项重要法律制度，是纳税人认为具体的税务行政行为侵犯其合法权益时，按照《行政诉讼法》的有关规定，向人民法院提起诉讼，由人民法院进行审理并作出裁决的诉讼制度。税务诉讼是纳税人维护自身权益的最后手段。

案例 3 - 6

2014 年，A 企业欲投标某项目，但注册资本未满足投标条件，公司利用"过桥借款"的方式来解决，由股东借入资金 450 万元并以股东名义投入企业，完成工商变更后，公司又以股东名义将该资金款借支转走，后续未做任何账务处理，一直挂账。税务局发现后下发税务通知书，认定该借款为股东分红，补缴个人所得税并加收滞纳金及罚款。

当事人不服，申请行政复议。

在复议中企业提出自己的观点，企业认为自己存在的问题并非"股东分红"而是"虚假出资"，原则上虚假出资属于工商局管理的范畴；而税务局则认定该借款属于股东分红，应追缴个税、滞纳金及罚款。

虚假出资主要表现为以无实际现金或高于实际现金的虚假银行进账单、对账单骗取验资报告，从而获得公司登记。上述案例中，股东借入 450 万投入企业，待工商变更完成后，又以借款名义将资金转走的行为其实属于虚假出资。根据《公司法》规定，对于虚假出资的公司发起人、股东，由公司登记机关责令改正，并处以虚假出资金额 5% 以上 10% 以下罚款。

依照《公司法》规定，股东分红的条件是：（1）须为税后利润，即缴纳企业所得税后的利润；（2）应当先提取利润的 10% 列入法定公积金；（3）以前年度有亏损并且以前的公积金不足以弥补的，先用当年利润弥补亏损后，再提取当年公积金，然后分配当年利润；（4）按照实缴的出资比例分取红利。

公司经营状态并未产生可分配的税后利润 450 万，此"借款"并不符合股东分红的条件，征税行为并未实际发生，因此，该行为不属于股东分红。针对该笔"借款"，税务局只需按照企业实际的虚假出资金额在"借款"期间所产生的利息对企业进行相应的罚款即可。

通过行政复议，上级税务机关认可了企业观点，撤销对该企业补收个税、滞纳金及罚款的处罚。

案例 3 - 7

原告：D 房地产建设有限公司

被告：某市地方税务局第一稽查局

背景：2004 年，D 公司委托某拍卖行拍卖其房产，房产最终以低价被 S 公司竞得。D 公司以拍卖成交价格向税务部门缴纳营业税与其他费用共 703 万元，并取得相应完税凭证。

2006 年，某市税稽一局检查 D 公司纳税情况时，认为当时房产拍卖价格严重偏低，不及市场价一半，且拍卖活动仅有一个竞买人参与（约定的拍卖保证金高达 6 800 万港元），遂发起调查。于 2009 年 8 月重新按照当时市场价格核定拍卖金额，要求 D 公司补缴营业税及其他费用共 882 万元，并按照规定加收滞纳金及罚款。

过程：

1.2009 年 8 月，D 公司收到税务检查核对意见书后，向市税稽一局提交复函，说明房产价值核准缺乏依据

2.2009 年 9 月，市税稽一局作出税务处理决定，要求追缴 D 公司未缴营业税及其他费用，同时加收滞纳金 285 万元。

D 公司不服，开始维权：

维权次数	维权方式	维权单位	结果
第 1 次	行政复议	市地方税务局	维持市税稽一局的处理决定
第 2 次	一审	区人民法院	驳回上诉
第 3 次	二审	市中级人民法院	驳回上诉
第 4 次	三审	省高级人民法院	驳回上诉
第 5 次	终审	最高人民法院	详见下文

税务机关核定征税的权力，历来属于税务机关自由裁量权的范围，人民法院总是给予最大的尊重。因为面对形形色色、不断翻新的避税手段，根本不可能事先设定百分之百成立的"避风港"，比如规定凡是拍卖的价格就是税务机关不得核定的价格。

我们来梳理一下最高人民法院的审理意见。

D公司观点

1. 市税稽一局不具有独立执法主体资格。

2. 被申请人超越职权，无权核定纳税人的应纳税额。

3. 本案中从委托拍卖合同签订，到刊登拍卖公告，再到竞买人现场竞得并签署成交确认单，整个过程均依法进行，遵循市场规律，成交价格 1.3 亿港元亦未低于拍卖保留价。被诉税务处理决定认定 D 公司申报纳税存在"申报的计税依据明显偏低"和"无正当理由"的证据明显不足。

4. 再审申请人已经按照拍卖成交价足额申报纳税，并取得主管税务机关出具的完税凭证。

5. 再审申请人申报纳税 4 年多后进行追征税款和滞纳金，超过了税收征管法第五十二条关于税款和滞纳金追征期限的规定。

市税稽一局观点

1. 答辩人具有独立执法资格，不存在越权执法问题。

2. 通过数据核查，拍卖价格低于同期市场价，且拍卖交易存在不公平现象。

3. 答辩人有权进行价格重新核定，且核定程序合理合法。①

4. 追征税款、滞纳金合法。

法院判定

1. 市税稽一局具有独立执法主体资格。

2. 市税稽一局并未越权执法。

3. 市税稽一局认为 D 公司计税依据明显偏低，重新核定应纳税款，合法合规。

4. 市税稽一局重新核定应纳税额，纳税义务应当自核定之日发生，其对 D 公司征收税款确定之前的滞纳金，无法律依据。②

①税收征管法第三十五条第一款第六项规定，纳税人申报的计税依据明显偏低，又无正当理由的，税务机关有权核定其应纳税额。

②在税务机关无法证明纳税人存在责任的情况下，可以参考税收征管法第五十二条第一款关于"因税务机关的责任，致使纳税人、扣缴义务人未缴或者少缴税款的，税务机关在三年内可以要求纳税人、扣缴义务人补缴税款，但是不得加收滞纳金"的规定，作出对行政相对人有利的处理方式。

纳税人应当更加重视全面抗辩的重要性，尤其是不要遗漏了滞纳金抗辩这样的"王炸"。许多税务案件就像本案到最高院之前的状态，纳税人不提质疑或者质疑提得不明确，税务机关行政复议中以及人民法院行政诉讼中将不进行审查。作为最高院第一个提审的税务案件，D公司最终在滞纳金上得分，更像是一种运气，可遇而不可求。税务抗辩中，准确的抗辩点还是要靠纳税人自己主动提出、全面提出、尽早提出。

法院判决：

1. 撤销市中级人民法院（2010）的行政判决和区人民法院（2010）的行政判决。

2. 撤销市地方税务局第一稽查局税务处理决定中对D公司征收营业税及其他费用滞纳金的决定。

3. 责令市地方税务局第一稽查局在本判决生效之日起三十日内返还已经征收的营业税及其他费用滞纳金，并按照同期中国人民银行公布的一年期人民币整存整取定期存款基准利率支付相应利息。

4. 驳回D公司其他诉讼请求。

实际操作中，纳税人维护自身权益的最基本的方法是沟通，不是只有进入到法律程序的行为才叫维权。并且我们并不赞成所有的税企争议都通过法律程序来解决。能够通过沟通的方式解决争议，对税企双方来说都是一个最好的结果。沟通的技巧有很多，做好自身的准备工作，是解决税企争议的最好保证，而诉诸法律是不得已而为之的办法。

　　因此，税务第三定律——维权定律的核心就是，有准备的沟通是解决税企争议最有效的方法，诉诸法律是纳税人维权的最后手段。

　　税务三定律的核心是，纳税人随时会面临税务风险，但纳税人的风险意识是最重要的。纳税人应该考虑通过事前的安排来降低自身的纳税成本，而不是在事后用一些不规范不合法的方法来达到少缴税的目的。而当我们遇到了税企争议的时候，我们尽量选择用沟通的方法来解决问题，但我们也不排斥最终用法律的手段来维护自己的权益。

　　纳税人了解并掌握了税务三定律，就洞悉了诸多涉税活动的内在规律，就能够培养起应有的风险意识、成本意识和维权意识。在此基础上建立起应对税务问题的思维方式，并运用它指导实际的涉税工作，才是解决纳税人面临的税务问题的根本之道。

后 记

AFTERWORD

生活无处不税务。

无论是企业还是个人，都需要和税务打交道，处理好相关的税务事项是每个纳税人都应该具备的能力，这种能力也就是纳税人的税商。税商和情商、智商一样重要，是一个人处理税务问题的综合能力，包括对税务规定的理解，对税收政策的熟悉，以及处理涉税事项的思维方式。税商的建立需要有对税务底层逻辑的理解、清晰的思路，以及具体的实操经验。纳税人都希望找到最简洁的方式、最适用的方法解决自身的税务问题。但"隔行如隔山"，纷繁复杂的税收政策让不少好学者望而却步。

我从 1982 年起即从事税务工作，其中大半时间从事的是涉税服务工作，40 余年的税务工作经历让我了解了太多的纳税人需求，也积累了一些为纳税人解决需求的方法。在纳税人涉税事项的处理上，尤其是税制改革到了今天，最重要的就是要保证税务的合规性。合规才能避免风险，只有在合规的基础上合理安排涉税事项，才能真正降低纳税成本。税务，安全第一。

虽然很多纳税人已经明白了其中的道理，但找不到正确的方式，不明白哪些因素会给自己带来风险，不明白怎样才能合规地降低纳税成本，更不明白当和税务机关有了争议的时候如何来处理。

尽管每个人面临的涉税问题因地域、事件、背景等诸多因素的不同而不同，但不同中一定蕴含有内在的逻辑。在涉税服务的过程中，我不断地梳理归纳解决各类涉税问题的有效办法，希望找到其中的共性，从而找出为纳税人解决问题的最佳思路。

本书站在纳税人的角度，从涉税工作的底层逻辑出发，从风险、成本和维权三个维度，为纳税人总结内在规律，希望化繁为简，化难为易，帮助纳税人建立起处理涉税事项的三种思维方式。税务三定律就是对这三个维度的思维方式的总结、提炼和升华。

本书的定位是"给非专业人士看的专业书籍"。书中提及的三个维度，可以涵盖纳税人的全部纳税事项。本书不是指导纳税人如何办理具体的纳税事务，而是给纳税人在处理涉税事项时提供合规有效的解决思路。

如能，于愿足矣。

邓新民

2021 年 12 月于长沙